EIN
malig
SCHWÄBISCHE ALB

Sabine Ries
Sven Bernhagen

SCHWÄBISCHE ALB

KURIOS, GENIAL UND LEGENDÄR

SILBERBURG

Bildnachweis: S. 123: Bernhagen, Sven – S. 162: Haus der Geschichte Baden-Württemberg, Sammlung Gebrüder Metz – S. 10, 11, 18 (links), 20, 21, 34, 39, 42, 62, 65, 98, 101, 103, 108, 111, 116, 124/25, 145, 146, 149, 153, 161: Mathias, Simone – S. 155: Osterei-Museum – S. 14, 18 (rechts), 25, 28, 30, 33, 67, 69, 71, 86, 91, 96, 109, 113, 114, 118, 127, 139, 151, 159: Ries, Sabine – S. 58: T+M – S. 15: Aerial video capture – S. 23: SchiDD – S. 36: Kgbo – S. 44: frei – S. 47: 4028mdk09 – S. 50: Uhlsport – S. 52: qwesy qwesy – S. 55: Andreas Schepers – S. 73: LepoRello – S. 77: Anagoria – S. 83: Rudolf Simon – S. 93: kathrin_gaisser – S. 100: Schlaier – S. 105: ANKAWÜ – S. 106: Holger Uwe Schmitt – S. 121: Dr. Eugen Lehle – S. 131: Stefan-Xp – S. 132: Stefan.straub – S. 135: An-d – S. 136: Sam Gamdschie – S. 137: frei – S. 142: Bast103 – S. 157: Kamahele – S. 165: Wikimedia commons (Prolineserver)

Sollte dieses Werk Links auf Webseiten Dritter enthalten, so machen wir uns die Inhalte nicht zu eigen und übernehmen für die Inhalte keine Haftung.

1. Auflage 2018

© 2018 by Silberburg-Verlag GmbH,
Schweickhardtstraße 5a, 72072 Tübingen.
Alle Rechte vorbehalten.
Umschlaggestaltung: Christoph Wöhler, Tübingen.
Satz und Layout: Christoph Wöhler, Tübingen.
Lektorat: Ulrike Burgi, Köln.
Printed in Slovenia by Florjancic.

ISBN 978-3-8425-2099-8

Ihre Meinung ist wichtig für unsere Verlagsarbeit. Senden Sie uns Ihre Kritik und Anregungen an
Meinung@silberburg.de

Besuchen Sie uns im Internet und entdecken Sie die Vielfalt unseres Verlagsprogramms:
www.silberburg.de

INHALT

Ein ausgezeichneter Landstrich 10

Alb aktiv

Reich an Burgen: Das große Lautertal 12
Der Alb-Traum für alle, die es »trauf« haben 13
Der größte Wanderverein Europas und die
»Pfullinger Onderhos« 14
Der Schneider von Ulm 16
Klettern auf der Alb 18
Kommt Zeit, kommt Rad 19
Lifte und Loipen 20
Stocherkahn Tübingen 22
Bad Urach und Beuren – ein heißes Pflaster 24

Alb-Genuss

Aus dem Häuschen – vom Lautertal auf große Reise 25
Der Mensch lebt nicht vom Brot alleine 26
Die Guten ins Töpfchen – Alblinsen 28
Spätzlepioniere aus Trochtelfingen 29
Lebenselixier Wasser – natürlich von der Alb 31
Legende oder Wahrheit? Der Uracher Brezelbäck 32
Meckernde Rasenmäher 34
Sieben auf einen Streich 35
Süße Verführungen 37

Albbüffel – ausgewandert und wieder eingebürgert ... 38
Bier von der Alb ... 40
Brennende Leidenschaft für schwäbischen Whisky ... 41

Alb-Köpfe

Das Genie schlechthin ... 44
Der Kardinal von der Alb ... 45
Die bekannteste Arzneimittelmarke aus Deutschland ... 46
Käpsele von der Alb ... 48
Bernhard Kempa ... 49
Carina Vogt und der springende Punkt ... 51
Der Panda unter den Rappern ... 53
Ein Schwabe im Weltall ... 54
Mit Kraft nach oben ... 56

Alb-Tradition

Schräg, laut und bunt ... 58
Das schönste Heimatfest seit 1723 ... 59
Eine besondere Wallfahrt hoch zu Ross ... 60
Die schwäbisch-alemannische Fasnet und »da Bolanes« ... 61
In Gönningen blüht uns was ... 62
So ein Theater! ... 63
Zerbrechliche Unikate ... 64
Auf de schwäbsche Eisebahne ... 65

Krieg und Frieden

Der Katastrophenberg und der Engel der Lüfte ... 67
Der Mössinger Generalstreik ... 68
Die ganze Bandbreite des DRK ... 70
Barbarisches Geschehen ... 71
Atomkeller Haigerloch ... 72

Der Hitler-Attentäter aus Hermaringen 74
Raketenstart in Stetten 76
Truppenübungsplatz Münsingen
und Biosphärengebiet 79
Erst Kasernenstandort, dann Kulturlandschaft 81

Moderne Alb

100 Prozent Made in Germany 82
Hemden wie anno dazumal 83
Der Drogeriekönig von Ulm 84
Kuschelige Wolle 86
Sicherheit und Komfort beim Sport 87
Das größte unabhängige Heavy-Metal-Label der Welt 88
Southside Festival 89
Völkerverbindung in Rekordzeit 91

Sehenswerte Alb

Enger geht's nimmer 93
Hautnah im Mittelalter 94
Märchenhaft 95
Preisgekrönter Werksiedlungsbau 96
Über 500 Jahre Pferdegeschichte 97
Uralt, schepps und einzigartig 99
Von der Burg zum fürstlichen Residenzschloss 100
Alte Tunnel, enge Stellen 102
Kugelmühle Neidlingen 103
Thyssenkrupp Testturm 105
Stollen im Stollen 106
Ulmer Münster 107
Die Burg Hohenzollern 108

Natürliche Alb

Alles Gute kommt von oben ... 110
Als der Albtrauf ins Rutschen kam ... 111
Am Anfang war die Quelle ... 112
Frühlingsboten satt ... 114
Sagenhafte Geschichte – das Eselsburger Tal ... 115
Ein Fluss taucht ab ... 116
Zu Besuch bei der schönen Lau ... 117
Der Wächter der Alb ... 119
Die zehn 1000er auf der Alb ... 119
Europäische Wasserscheide ... 120
Höhlen auf der Alb ... 122
Nördlinger Ries ... 124

Technische Alb

Alles im Gleichgewicht ... 126
Ein Erfinder sondergleichen ... 127
Ein Pflästerle aus Heidenheim ... 128
Licht und Sicht im Körperinneren ... 129
Revolution mit Dampf in der Küche ... 130
Kässbohrer und der PistenBully ... 132
Magirus-Feuerwehrleitern – mit Sicherheit hoch hinaus ... 134
Zündapp-Museum ... 135

Weltberühmte Alb

Ein Feinmechaniker macht mit dem zündenden Funken Karriere ... 137
Mit dem Knopf im Ohr auf Erfolgskurs ... 138
Schmucke Herrenanzüge aus Metzingen ... 140
Von den Blechspielwaren zum Technikerlebnis ... 141

Musikalische Größe aus der Kleinstadt ... 143
Einzigartige Funde ... 144
Urzeitfunde Holzmaden ... 146

Geschichte und Geschichten

Startschuss für die Landesgründung ... 148
Bewegte Zeiten ... 149

Kuriose Alb

Die einstige Eier-AG ... 154
Die etwas andere Donauwelle ... 155
Eislinger Kreiselkunst ... 156
Feger aus aller Welt ... 158
Irren ist menschlich, auch in Zwiefalten ... 158
Pilgern en miniature ... 160
Tübingen macht ein Fass auf ... 162
Herrn Stumpfes Zieh & Zupf Kapelle ... 163
Eigenwillige Ortsnamen ... 165
Schwäbische Dichterschule ... 166

EIN AUSGEZEICHNETER LANDSTRICH

Die Schwäbische Alb ist einfach etwas Besonderes – das hat auch die UNESCO erkannt. Neben vielen anderen Prädikaten hat die Alb gleich drei Auszeichnungen von der Kulturorganisation der Vereinten Nationen (UN) bekommen.

2009 wurde die komplette Schwäbische Alb mit ihren 200 Kilometern Länge und 40 Kilometern Breite als Biosphärenreservat ausgezeichnet. Knapp 700 gibt es davon weltweit, in Deutschland sind es 16. Ziele sind der Erhalt der Natur, eine Förderung der nachhaltigen Land- und Forstwirtschaft sowie des Tourismus und eine Stärkung und Vermarktung regionaler Produkte. Umgesetzt wird dies in zahlreichen lokalen und regionalen Projekten und Aktionen.

Der suhlende Albbüffel fühlt sich hier offensichtlich wohl.

Blick auf das Eselsburger Tal

Das geschützte Gebiet auf der Alb ist 850 Quadratkilometer groß und umfasst 29 Gemeinden der Landkreise Reutlingen, Esslingen und Alb-Donau-Kreis mit Schichtstufenland, Europäischem Jura, Hang- und Schluchtwäldern am Albtrauf, Wacholderheiden oder den Streuobstwiesen des Albvorlandes. Herzstück ist der ehemalige Truppenübungsplatz Münsingen, in dem sich die albtypische Landschaft des 19. Jahrhunderts erhalten hat.

2005 wurde die Schwäbische Alb von der UNESCO als Global Geopark anerkannt. Bereits 2002 wurde sie auf nationaler Ebene als Geopark ausgezeichnet. Die 69 Geoparks in Europa haben sich dazu verpflichtet, das geologische, naturräumliche und kulturelle Erbe zu bewahren und zur Vermittlung von Wissen über Erde und Natur sowie zur nachhaltigen wirtschaftlichen und geotouristischen Entwicklung ihrer Regionen beizutragen. Zahlreiche Institutionen auf der Alb – allesamt hervorragende Ausflugsziele – beteiligen sich mit Einrichtungen und Aktionen. Was es an Besonderheiten aller Art zu erleben gibt, haben wir in diesem Buch gesammelt.

Eine Vielzahl der abgedruckten Bilder stammt von der Fotografin Simone Mathias, der die Alb besonders am Herzen liegt. Bei Wind und Wetter war sie unterwegs, um für unser Buch die schönsten Momente einzufangen.

Wir wünschen viel Freude an Text und Bild!
Ihre Sabine Ries und Sven Bernhagen

ALB AKTIV

Reich an Burgen: Das große Lautertal

Idyllischer, geschichtsträchtiger und abwechslungsreicher geht's nun wirklich nicht. Im großen Lautertal südwestlich von Münsingen finden sich alle typischen Attribute der Schwäbischen Alb versammelt und lassen sich mittels verschiedener Fortbewegungsmöglichkeiten erkunden. Wacholderheiden, Wälder, die typischen Felsformationen, Wasser, Pferde und eine Vielzahl an Ruinen, die einst mächtig auf steilen Jurafelsen und an Talrändern thronten. Zum großen Teil können die Ruinen und deren Reste wandernd erklommen werden, laden ein zu einem Rückblick in das Mittelalter und einen Ausblick in die Ferne. Der Burgenweg des Schwäbischen Albvereins führt an den schönsten Schlössern und Burgruinen vorbei, auch an Burg Derneck, die über der Großen Lauter zwischen Hayingen und Gundelfingen liegt. Dies ist ein beliebtes und bewirtschaftetes Ausflugsziel mit einer Geschichte, die bis ins Jahr 1340 zurückreicht.

Burgfräulein und Ritter sind in der rustikalen Burgschenke freilich keine mehr unterwegs, aber jede Menge Frischluftfans, die sich per pedes, mit dem Rad, E-Bike oder Kanu eine Auszeit vom Alltag gönnen. Letztere genießen die romantische Große Lauter für eine Spritztour auf dem Wasser und paddeln, inclusive kleiner Stromschnellen, herabhängender Äste und enger Kurven, zwischen Buttenhausen und Indelhausen rund 13 Kilometer auf der längsten hier befahrbaren Strecke durch die naturbelassene Landschaft. Mit etwas Glück treffen sie auf Eisvögel und Biberbauten. Da die geschützten Nager hier Vorrecht haben, heißt es für die Kanuten aussteigen und den Biberdamm umtragen. Wem das alles zu nass und aufregend ist und wer auch nicht wandern will, schwingt sich auf den Drahtesel und durchradelt auf dem Lautertalradweg das schönste Flusstal der

Alb. Die Highlights und manch zusätzliche Sehenswürdigkeit wie das Kloster Obermarchtal mit dem Spiegelsaal oder das Volkstheater Hayingen mit der über 60-jährigen Theatergeschichte unter freiem Himmel sind hier Programm. Ein weiterer Höhepunkt in dieser Region ist das älteste staatliche Gestüt Deutschlands, das Haupt- und Landgestüt Marbach, dem wir an anderer Stelle in diesem Buch mehr Platz einräumen.

Nach so viel Bewegung darf auch die Sinneslust nicht zu kurz kommen. Keine Sorge, auf der Alb ist noch keiner verhungert. Die kargen Zeiten sind vorüber. Regionale Produkte der Gastgeber und Erzeuger sorgen für das i-Tüpfele. Pfiffig, nachhaltig, einzigartig und immer eine kalte Sünde wert ist auf jeden Fall das Lautertal-Eis aus Indelhausen, das verführerisch zeigt, was mit Rohstoffen aus der Region und in Selbstvermarktung möglich ist.

Der Alb-Traum für alle, die es »trauf« haben

Eigentlich ist ein Albtraum voller furchterregender Bilder, Angst und Panik. Auf der Schwäbischen Alb ist der Alb-Traum neuerdings ein Ultra-Benefizlauf in der Erlebnisregion Schwäbischer Albtrauf, der in Glücksgefühlen, tiefer Zufriedenheit, Bestätigung, aber eventuell auch jeder Menge Muskelkater gipfelt. Statt auf dem 115 Kilometer langen Albtraufgänger-Wanderweg in mehreren wohldosierten Etappen gemütlich zu gehen und dabei ausgiebig die Aussicht und die Natur mitsamt Einkehr zu genießen, ist für die Ultraläufer auf dem Alb-Traum eine gewisse Eile, Ausdauer, Disziplin und ordentlich Kampfgeist angesagt. Hier heißt es zunächst, weg mit den schweren Wanderschuhen und Gepäck. Hin zu den leichten Trailrunningschuhen mit gutem Profil und minimaler Ausstattung.

Start- und Zielort ist Geislingen an der Steige. Vor den Ultraläufern liegt genau dieser 115 Kilometer lange, bestens markierte Qualitätswanderweg durch die abwechslungsreiche Alb-Landschaft mit all ihren Höhen und Tiefen. Gemessen und in Zahlen ausgedrückt: exakt 3400 wadenspannende Höhenmeter. Das Ziel schließt seine Pforten nach 23:59 Stunden, bis dahin sollte man angekommen sein. Für Ultraläufer eine echte Herausforderung. Für Normalos könnte bereits der Gedanke, daran teilzunehmen und rund um die Uhr laufen zu

Auf und ab gehört hier dazu.

müssen, schlechte Träume zur Folge haben. Da tröstet auch der zusätzlich angebotene Halb-Traum nicht wirklich. Es sind dann »nur« noch 57 Kilometer bei 1700 Höhenmetern zu meistern. Die dafür vorgesehene maximale Zeit beträgt 14.59 Stunden.

Ein Erlebnis der besonderen Art in einer besonderen Kulisse ist es sicherlich. Die Startgelder des Benefizlaufes wandern auf ein Spendenkonto und sollen soziale Projekte im Landkreis Göppingen unterstützen. Für ambitionierte Sport- und Albtraufbegeisterte, denen dieser Alb-Traum eine Nummer zu groß ist, wäre auch die weitaus kürzere und immer am 3. Oktober stattfindende TransAlb eine Möglichkeit, die Region flotten Fußes, mit Wettkampfgedanken und bei Tageslicht zu erkunden. Die angebotenen Strecken variieren hier von sieben über knapp 13 Kilometer bis zur Halbmarathondistanz von 21 Kilometern und finden wechselnd in den Gemeinden der Region statt. Das Fazit: Ohne Puste kommt man auf dem hiesigen Albtrauf nicht voran. Wie gut, dass die Auswahl so groß ist!

Der größte Wanderverein Europas und die »Pfullinger Onderhos«

Ja, wohin laufen sie denn? Eine gute Frage! Der Schwäbische Albverein, 1888 in Plochingen gegründet, hat sich der Markierung, Beschilderung und Pflege von 23 000 Kilometern Wanderwegen zwischen Taubertal und Bodensee mit Schwerpunkt Württemberg angenommen – zum Glück für alle Bewegungslustigen! So ist garantiert, dass ein individuelles Wandern möglich ist, sich niemand verläuft und alle Wanderfreunde auf den Wegen bleiben. Damit das Konzept aufgeht, bedarf es einer Vielzahl ehrenamtlicher Helfer, die sich unter anderem mit der Wegepflege beschäftigen, aber auch Wanderungen führen.

Hintergrund ist ein ausgeklügeltes Beschilderungskonzept mit Entfernungsangaben, Namenstafeln für interessante Standorte und Orientierungshilfen sowie ein schier endloses Engagement der wanderfreudigen Vereinsmitglieder. 23 000 Kilometer sind eine beachtliche Strecke und entsprechen exakt der Länge des gesamten 48. Breitengrades, der just über der Schwäbischen Alb verläuft.

Aller Anfang des mittlerweile auf rund 100 000 Mitglieder gewachsenen Heimatvereins war vor über 130 Jahren in Kirchheim. Der dortige Verschönerungsverein wollte auf der Teck einen Turm bauen und bat hierfür bei benachbarten Vereinen um Spenden. Den runden Turm, 31 Meter hoch und auf dem schmalen Rücken des Teckberges gelegen, gibt es noch heute. Wer den Turm besteigen möchte, kann dies über das in den

Die »Pfullinger Onderhos« steht mit zwei Beinen auf der Erde.

1950er-Jahren angebaute Wanderheim tun. In der Gründungsphase kam hinzu, dass auch die Arbeit am Albtrauf durch einen Zusammenschluss der Vereine verbessert werden sollte. So entstand der Schwäbische Albverein samt Logo, Mitgliederzeitschrift und einem Verlag, der eigene Wanderkarten druckte. Fortan zogen die Altvorderen aus der Region und für die Region an einem Strang.

Wichtig waren den Mitgliedern seinerzeit auch Wanderheime und Türme. Denn wer müde wurde oder einer Stärkung bedurfte, nutzte die noch heute existierenden und auf aktuellen Stand gebrachten mehr als 20 eigenen Wanderheime für Verpflegung und Übernachtung. Für Über-, Aus- und Weitblicke sorgen 28 in der Bauweise verschiedenartige Aussichtstürme. Herausragend sind zwei Exemplare: Zum einen der »Lembergturm« auf dem Lemberg, der höchsten Erhebung der Schwäbischen Alb, der auf einer Höhe von 1015 Metern mit seiner mitunter schwankenden Stahlskelettbauweise bereits im Jahr 1899 errichtet wurde. Zum anderen die »Pfullinger Onderhos«. Zu Deutsch der Schönbergturm Pfullingen, in Eisenbetonweise gebaut, einzigartig in seiner Konstruktion, 28 Meter hoch, weiß verputzt und 1906 feierlich eingeweiht. Von Weitem sieht der Turm aus wie eine lange Unterhose mit zwei Beinen und einem breiten Bund, die im Winterwind auf der Leine steif gefroren ist.

Dass sich der Schwäbische Albverein für den Erhalt von Landschaft und Natur einsetzt, entspricht dem Selbstverständnis des größten Wandervereins Europas und ist seit der Gründung fester Bestandteil der Aufgaben und in heutiger Zeit wichtiger denn je. Seit 1994 ist der Verein mit Hauptsitz in Stuttgart als Naturschutzverband anerkannt. Um die Geschicke vor Ort kümmern sich 570 Ortsgruppen von Aalen bis Zwiefaltendorf, die in 23 regionalen Gauen zusammengefasst, betreut und unterstützt werden und als Basis und Aushängeschild des Vereins gelten.

Der Schneider von Ulm

Was geschieht, wenn sich ein Ulmer Schneidermeister als wagemutiger Konstrukteur, gar als Erfinder versucht? In jenem Fall erntete er zunächst nur Spott und Häme, die Anerkennung, Ehre und vor allem Rehabilitation erlebte dieser Pionier dann leider nicht mehr. Doch zurück in das Jahr 1770, als Albrecht Ludwig Berblinger als siebtes Kind seiner Eltern auf die Welt kam. Er erlernte zwar das Schneiderhandwerk, sein Hauptaugenmerk lag aber vielmehr auf seiner Erfindungsgabe. So baute er 1808 einem einbeinigen Soldaten eine »künstliche Fußmaschine« mit Gelenk, der Vorläufer der heutigen Prothese. Da diese Erfindung nicht zu Reichtum führte, weil der damals für ihn zuständige König die Genehmigung ablehnte, verbiss sich Berblinger in den Traum vom Fliegen und baute einen Flugapparat. Damit soll er von Gartenhaus zu Gartenhaus geschwebt sein. Ein kleiner Meilenstein in der Geschichte der Luftfahrt, immerhin absolvierte er mit seiner Erfindung, ohne dabei mit den Flügeln zu schlagen, erste Gleitflüge.

Als anno 1811 der Landesvater, der württembergische König Friedrich I., Ulm besuchte, war der Zeitpunkt gekommen, mit Berblingers spektakulärer Erfindung zu glänzen. Doch der Flugversuch unter den Augen des Königs scheiterte. Berblinger brach ihn noch vor dem Start wegen eines Bruchs am Flügel ab. Der König zeigte Nachsicht und reiste wieder ab.

Am nächsten Tag erfolgte in Anwesenheit des Bruders des Königs ein erneuter Versuch. Die Flügel waren repariert, die Gesetze der Thermik allerdings noch unbekannt. Der Ort der Vorführung war nicht der Michelsberg, sondern erneut die tiefer gelegene Donau. Von Aufwind keine Spur. Kurzum, an Fliegen war nicht zu denken, und Albrecht Ludwig Berblinger stürzte wie ein Stein ins Wasser.

Dieser Absturz vor großem Publikum bedeutete seinen Ruin. Fortan begleitete ihn die Not. Er starb mit 58 Jahren an Auszehrung, wie schon seine erste Frau viele Jahre vor ihm. Die Anerkennung seiner Leistungen erlebte er nicht mehr, diese erfolgte erstmals im Jahr 1906, als ihm der Ingenieur und Schriftsteller Max Eyth in seinem Roman »Der Schneider von Ulm« ein Denkmal setzte.

Die bisher größte flugtechnische Rechtfertigung widerfuhr dem Flugpionier dann 1986 anlässlich eines Flugwettbewerbs. Bei widrigen thermischen Verhältnissen, an genau demselben Ort wie seinerzeit und mit dem nachempfundenen Fluggerät von einst schaffte es nur einer von 30 Teilnehmern, trocken über die Donau zu segeln. Der Schneider von Ulm, der komische Vogel, der unbedingt fliegen wollte, war halt doch ein Käpsele und Held der Luftfahrt. In Erinnerung an den flugbegeisterten Ulmer wurde der »Berblinger Preis«

ins Leben gerufen. Diese wissenschaftliche Auszeichnung zur Förderung der Allgemeinen Luftfahrt und des Luftsports gilt als weltweit höchstdotiert.

Klettern auf der Alb

Mit großem Respekt und leuchtenden Augen schauen Kletterer auf die Schwäbische Alb. Wer hier seine Hand an den Fels legt, sollte genau wissen, was er tut. Das Gestein hat stellenweise die Konsistenz eines bröseligen Kekses, die Absicherung ist teils spärlich, die Abstände zwischen den Haken weit. Neben Kraft in den Armen ist eine gute Portion Moral gefragt.

Wer diese Qualitäten aber mitbringt, findet auf der Alb ein Sportkletterparadies. Schon in den 1930er-Jahren zog die Alb die extremen Kletterer an, die sich hier teils auch auf große Touren in den Alpen oder in den übrigen Bergen der Welt vorbereiteten. Bekannt sind die Felsen um Blaubeuren, im Lenninger Tal, auf der Uracher Alb, im Ermstal oder auf der

Klettern auf hohem Niveau im Donautal und am Reußenstein

Ostalb der Rosenstein bei Heubach, die Wände im Eselsburger Tal oder um die Ruine Reußenstein bei Neidlingen.

Die bis zu 80 Meter hohen Kalkfelsen des Jurameers, die aus den Hängen ragen, bieten eine Spielwiese mit rund 3000 Routen in allen Schwierigkeitsgraden. Einen Überblick bieten zahlreiche Kletterführer. Aus Naturschutzgründen sind etliche Wände und Felsen allerdings zeitweise oder sogar komplett gesperrt.

Einen der härtesten Kämpfe in der Republik haben Naturschützer und Kletterer im Oberen Donautal ausgefochten. Dort sind seit 1993 über die Hälfte der Felsen für Kletterer gesperrt. Dennoch bieten immer noch über 30 Felsmassive mit einer Höhe von bis zu 120 Metern mehr als 800 Routen in großartiger Landschaft.

Kommt Zeit, kommt Rad

Rennradler finden am Albtrauf im Norden knackige Anstiege und Pässe mit bis zu 400 Höhenmetern genauso wie endlose sanfte Wellen auf der Albhochfläche. Auf den kleinen Straßen herrscht oft nur wenig Verkehr – ein Paradies, in dem man entspannt Kilometer sammeln kann.

Genussradlern eröffnen sich aussichtsreiche, mit Sehenswürdigkeiten und Einkehrmöglichkeiten gespickte Freizeitrouten. Tagesetappen bieten sich hier ebenso an wie Mehrtagestouren. Und so bergig die Alb auch ist – hält man sich an die Flusstäler, müssen es nicht unbedingt viele Höhenmeter sein, die man unter die Räder nimmt. Außerdem gibt es inzwischen zahlreiche Stationen, an denen man sich E-Bikes ausleihen kann.

Allein in der Mittleren Alb gibt es 600 Kilometer Radwege, wie zum Beispiel den 50 Kilometer langen Lautertalradweg. Als leicht gilt der 200 Kilometer lange Donau-Radweg am Rand der Alb von Donaueschingen nach Ulm. Der König der Fernwege ist sicher der Schwäbische-Alb-Radweg von Nördlingen bis nach Ludwigshafen am Bodensee. Dafür braucht es stramme Waden, immerhin sind die 320 Kilometer gespickt mit knapp 2800 Höhenmetern.

Mountainbiker können sich überall auf verspielten Trails und rasanten Abfahrten austoben. Der schroff abbrechende Albtrauf und die Hänge der tief eingeschnittenen Flusstäler sind ein wahres

Einmal über die junge Donau im Donautal

Eldorado. Technik ist hier genauso gefragt wie Kondition. Beschrieben sind die Touren in zahlreichen Führern und Online-Portalen. Bikeparks mit speziell präparierten Abfahrten, auf denen man es so richtig krachen lassen kann, finden sich unter anderem in Albstadt-Tailfingen, am Hochberg in Heidenheim, in Münsingen und in Sonnenbühl-Undingen.

Da gibt es nur eins: Rein in den Sattel und rauf auf die Alb!

Lifte und Loipen

Wie es sich für ein ordentliches Mittelgebirge gehört, bietet die Schwäbische Alb Wintersportlern eine Menge Lifte und Hänge für Abfahrer und Loipen für Skilangläufer. So viele, dass es schwer ist, auf dem rund 200 Kilometer langen und 40 Kilometer breiten Höhenzug zwischen Schwarzwald und Franken den Überblick zu bewahren.

Mitte der 1960er- und 70er-Jahre erlebte das Skifahren jedenfalls einen echten Boom auf der Alb. Von Großerlach im Norden bis Witthoh im Süden und von Hausen am Hohen Karpfen im Westen bis zum Blasienberg bei Kirchheim am Ries im Osten sprossen die Lifte nur so aus dem Boden. Der Online-Skigebietsführer www.skiresort.de listet 2018 insgesamt 70 Skigebiete und 109 Lifte auf. Die Übersicht auf www.alblifte.de kommt immerhin noch auf 66 Anlagen, und www.schwaebischealb.de zählt 2018 insgesamt 53 aktive Skigebiete.

Nachdem die schneearmen Winter in den 1980er-Jahren vielen privaten Liftbetreibern oder Vereinen den Garaus gemacht haben, erlebt das Skifahren heute eine Renaissance auf der Alb. Viele Pisten verfügen über Flutlichtanlagen, einige werden inzwischen sogar mit Schneekanonen künstlich beschneit. Die Höhenunterschiede der Pisten liegen zwischen 50 und 150 Metern, die Abfahrtslängen reichen von 250 Metern bis 1,5 Kilometer. Insgesamt soll es auf der Alb rund 60 Pistenkilometer geben. Was die Steilheit angeht, ist alles vertreten: Im Norden, am Albtrauf, fällt die Alb eher schroff ab, im Süden neigt sich das Hochplateau sanft zum Donautal hin.

Als größtes zusammenhängendes Skigebiet wird Bläsiberg-Wiesensteig mit insgesamt 4,2 Pistenkilometern gelistet. Die längste Abfahrt auf der Schwäbischen Alb bietet sich am Delisberg in Burladingen. Die Bergstation dort liegt auf 905 Metern, die Talstation auf 740 Metern. Die 165 Höhenmeter dazwischen kann man auf der blauen Familienabfahrt mit 1,5 Kilometern Länge, auf der roten Könnerabfahrt mit 1,2 Kilometern oder auf der steilsten, aber mit 900 Metern auch kürzesten rot-schwarzen Profiabfahrt überwinden. Der Schlepplift am Delisberg hat eine Länge von 588 Metern. Noch ein bisschen länger – und damit auf jeden Fall der längste auf der Südwestalb – ist der Ebinger Skilift mit 600 Metern.

Als steilste Piste gilt die Hauptabfahrt am Ostalb-Skilift bei Aalen. Die überwindet auf rund 800 Metern einen Höhenunterschied von 150 Metern. Lange warnte extra ein Schild vor dem »gefährlich steilen« unteren Abschnitt der Piste. Der höchstgelegene Skilift auf der Schwäbischen Alb endet in Böttingen bei knapp 970 Metern. Als Gebiet mit den meisten Liften –

Langlaufen, Ski- und Snowboardfahren auf der Alb

nämlich fünf – gilt die Wintersportarena Holzelfingen. Mitgezählt ist hier allerdings auch der Kinderlift.

In die Höhe befördert werden die Skifahrer übrigens ausschließlich mit Schleppliften, seit um die Jahrtausendwende der einzige Sessellift der Alb bei Degenfeld stillgelegt und seitdem teilweise demontiert wurde.

Gebaut wurde der 900 Meter lange Doppelsessel am Osthang des Kalten Felds 1965, weil die zwei Jahre zuvor errichteten Schlepplifte dem Ansturm der Massen nicht gewachsen waren. 600 Menschen brachte die Anlage pro Stunde auf den Berg. Die 200 Höhenmeter, die der Lift überwand, waren absoluter Rekord auf der Alb.

Aber auch Langläufer können hoch hinaus, auf den Deilinger Loipen nämlich. Sie sind die höchstgelegenen auf der Alb. Die längste unter ihnen umrundet auf 6,1 Kilometern mit dem Montschenloch, dem Bol und dem Wandbühl gleich drei der zehn 1000er-Gipfel der Schwäbischen Alb.

Überblick über Lifte und Betriebszeiten unter www.alblifte.de, www.schwaebischealb.de und www.skiresort.de. Einen Überblick über die Langlaufloipen bietet zum Beispiel www.biosphaere-alb.com.

Stocherkahn Tübingen

Einen Hauch von Venedig kann man gelegentlich auch in Tübingen erleben: beim Stocherkahnfahren auf dem Neckar. Inzwischen gehört das zum touristischen Angebot der Stadt, lange war jedoch das Stocherkahnfahren reine Studentensache. Die haben mit dem Spaß wohl Ende des 19. Jahrhunderts angefangen.

Rund 130 der 400 Kilogramm schweren, sechs bis zwölf Meter langen und bevorzugt aus Eiche gebauten Boote sind auf dem Neckar zugelassen. Die meisten davon gehören immer noch Studentenverbindungen, Unigruppen oder Fachschaften. Jedes Jahr an Fronleichnam findet das traditionelle und weithin bekannte Stocherkahnrennen um die Neckarinsel statt.

Die Tübinger Stocherkähne sind im Gegensatz zu den gebogenen venezianischen Gondeln symmetrisch gebaut. Der Stocherer steht am Heck und stößt sich am Grund des flachen Neckars mit einer bis zu sieben Meter langen Stange ab. Gut 20 Mitfahrer finden in den größe-

ren Booten Platz. Und die Aussicht vom Fluss auf die historische Kulisse der Unistadt ist auf jeden Fall eine kleine Wasserreise wert.

Das Stocherkahnfahren auf dem Neckar ist in Tübingen längst Tradition.

Ursprünglich wurden die Stocherkähne wohl als einfache, schwimmende Arbeitsplattform von den Neckarfischern und Fährleuten genutzt. Wie, wann und warum das Stochern aber ausgerechnet nach Tübingen kam, liegt bis heute im Dunkel der Geschichte. Der Legende nach soll einst ein Student, der zuvor in Prag studiert hatte, eine Zille – wie der Stocherkahn dort heißt – von der Moldau mitgebracht haben.

Außerhalb von Tübingen sind Stocherkähne in Deutschland noch immer eine echte Rarität: 1982 schipperten Mitglieder einer Studentenverbindung die »Achalm« unter anderem über Neckar, Rhein und Weser in 45 Tagen zum Deutschen Schifffahrtsmuseum nach Bremerhaven. Seit der Landesgartenschau 2008 fahren zwei Kähne in Nagold auf dem gleichnamigen Fluss, ebenso wie seit 2011 in Horb auf dem Neckar.

Und auch in den englischen Unistädten Oxford und Cambridge wird nicht nur gerudert, sondern auch gestochert. Dort nennt sich das dann allerdings »Punting«.

....

Stocherkahnfahrten kann man unter anderem buchen unter www.tuebingen-info.de, www.stocherkahn.de oder www.stocherkahn-viaverde.de

Bad Urach und Beuren – ein heißes Pflaster

Um den Titel »Heißeste Thermalquelle Baden-Württembergs« streiten etliche Badeorte – unter anderem auch Bad Urach. Fest steht jedenfalls: Das Wasser sprudelt hier mit 61 Grad Celsius aus dem Boden. Und damit ist das Städtchen am Fuße der Alb auf jeden Fall ein ganz heißes Pflaster.

Vor Millionen von Jahren gab es in der Region noch aktive Vulkane. Übrig geblieben ist eine Temperaturanomalie in der Tiefe, die dem Ort das heiße Thermalwasser beschert. 1970 wurde die Quelle in 770 Metern Tiefe erschlossen, seitdem wird das Wasser für den Kur- und Heilbadbetrieb genutzt.

Im Rahmen des weltweit beachteten Geothermie-Projekts Hot-Dry-Rock sollte Mitte der 1990er-Jahre die Temperaturanomalie auch zur Energiegewinnung und zur Erdwärmeversorgung genutzt werden. Letztendlich blieb aber eine notwendige Nachfinanzierung des Landes aus.

Das älteste Thermalbad der Alb steht dagegen im benachbarten Beuren: Bereits 1526 wurde dort eine öffentliche Badstube urkundlich erwähnt. Schon damals erkannten die Menschen wohl die kreislaufanregende und muskelentspannende Wirkung des heißen Wassers – auch wenn im nicht gerade für ausfernde Körperhygiene bekannten Hochmittelalter die Ärzte das Baden offiziell als gesundheitsgefährdend einstuften. Nachdem die ursprüngliche Quelle 1920 versiegt war, wurde man 50 Jahre später bei Bohrungen in 380 und 750 Metern Tiefe erneut fündig. Seitdem sprudelt das Wasser in Beuren wieder mit 48,5 Grad Celsius aus dem Boden.

Tipp: Wer auch mal in Becken mit 32 bis 38 Grad warmem
Bad Uracher Thermalwasser planschen will, findet alle notwendigen
Infos unter www.badurach-tourismus.de
Infos zum Thermalbad in Beuren unter www.panorama-therme.de

ALB-GENUSS

Aus dem Häuschen – vom Lautertal auf große Reise

Die kleine Albschnecke, auch schwäbische Auster genannt, ist eine gehäusetragende Landschnecke mit Wohnort auf der Schwäbischen Alb, vorzugsweise dem Lautertal, und gilt als feine Delikatesse unter den Gourmets. Sommers lässt sich das Weichtier im Zuchtrevier, den Schneckengärten, zusammen mit ihren Schneckenkollegen Wildpflanzen schmecken und bildet etwas Fettgewebe. Naht der Winter, ziehen sich die Weinbergschnecken von der Alb in ihr Schneckenhaus zurück und verschließen die Öffnung mit einem Kalkdeckel.

Käme nach rund vier unbeschwerten Lebensjahren nicht der Schneckenzüchter auf die Idee, die schlafende Ansammlung zu ernten, also kurzerhand einzusammeln und zu verkaufen, würde sich diese Prozedur in der nächsten warmen Jahreszeit wiederholen. Stattdessen sind sie heute als Delikatesse auf verschiedenste Weise zum Kunden unterwegs: teils noch lebend, in Dosen konserviert, tiefgefroren oder mit Kräuterbutter verfeinert. Die Freunde der Albschnecken schätzen vor allem das nussige Aroma der wärmeliebenden und standorttreuen Tiere und verspeisen sie nur zu gerne in einem Süpple, einem Salat oder in einer Soße.

Wissenswertes rund um die Schnecke im historischen Schneckengarten

Die Geschichte der Albschnecken geht derweil weit zurück. Vormals waren die Schnecken vor allem als Fastenspeise in katholischen Gegenden recht beliebt und kamen anstelle von Fleisch auf den Tisch.

Die Züchter und Händler auf der Schwäbischen Alb packten winters die gut genährten, schlafenden und im eigenen Häuschen konservierten noch lebenden Tiere in Fässer und transportierten die begehrte Ware von Ulm bis nach Wien in die feinen Gasthäuser. Stattlich entlohnt wurden sie für ihre Mühen: Für tausend Albschnecken gab es im Jahr 1910 zwischen fünf und sieben Mark. Auf ihre ganz eigene Weise rächten sich die Schnecken allerdings, wenn die Fässer mit je 10 000 Tieren zu lange in der Sonne standen. Dann erwachten die Tiere aus ihrem Winterschlaf und schafften es mit vereinter Kraft, manch Fass zu sprengen und mit viel Schleim in die Freiheit zu entkommen.

Heute ist die eiweiß- und mineralstoffreiche sowie cholesterinfreie Albschnecke als eingetragenes Warenzeichen geschützt und wächst unter strengen Richtlinien bei mehreren Kleinerzeugern im Naturraum der Schwäbischen Alb auf. Das Sammeln der Weinbergschnecken in der freien Natur ist übrigens verboten. Seit 2005 ist nur noch die Zucht erlaubt.

Der Mensch lebt nicht vom Brot alleine

Hägemark, mürbes zackiges Hefegebäck und Zuckerbrot sind typische regionale Leckerbissen, die dringend einen Platz in diesem Buch brauchen.

Häge- oder Hägenmark, Hagebuttenmarmelade oder Hagebutten-Fruchtaufstrich ist ein echter schwäbischer Klassiker und eine Besonderheit dazu. Kommt er typischerweise von der Schwäbischen Alb mit Früchten aus der Region, umso besser. Die kleinen roten Beeren, Überbleibsel von Wild- oder Heckenrosen, sind kleine Vitaminbomben, sie strotzen vor Vitamin C, A, B1 und B2. Wären da nicht die Härchen, Nüsschen und Stiele, die nichts im Aufstrich zu suchen haben und die Herstellung recht aufwendig machen. Hinzu kommt die mühsame Ernte von Hand. Um an das reine, feine und rohe Hägemark zu kommen, bedarf es daher mehrerer Arbeitsgänge, bei denen gesiebt wird. Das dann gewonnene Mark kann durch Zugabe von Zucker zu einem Brotaufstrich veredelt werden.

Zum Glück verstehen die Hägemarkerzeuger auf der Alb dieses Handwerk nur zu gut.

Außergewöhnliche Mutscheln in allerlei Größen und von Hand gefertigt findet man in Reutlingen. Die achtzackigen Gebildbrote aus Hefeteig gehen auf eine jahrhundertealte Tradition zurück. Als echter Brauch gilt hier der Mutscheltag, der am Donnerstag nach dem Dreikönigstag stattfindet. Wer das gebackene und schön anzusehende Hefeteilchen haben möchte, würfelt der Tradition nach in geselliger Runde und nach bestimmten Spielregeln um den Gaumenschmaus.

Über den Ursprung des Achtzacks gibt es verschiedene Theorien: Einig ist man darüber, dass es auf der Zeitleiste weit zurückgeht. Eine Überlieferung besagt, dass die Erhebung in der Mitte mit dem Kranz rundherum den Reutlinger Hausberg Achalm darstellen soll. Die acht Zacken stünden für die wichtigsten Handwerkszünfte. Aber auch der Reutlinger Bäcker Albrecht Mutschler könnte das Gebäck im 14. Jahrhundert erfunden haben, denn in einem Reutlinger Heimatbuch wird ein Bäcker Namens Mutschler erwähnt. Wie dem auch sei, sogar die benachbarten Pfullinger würfeln beim Sternpaschen um mürbe Hefeteilchen, allerdings um Sterne mit sieben Zacken und bereits am Dreikönigstag.

Recht traditionell geht es in der letzten Backstube in der Ulmer Innenstadt, ganz genau in der Herrenkellergasse, zu. Hier versorgt der Familienbetrieb Zaiser seit 1838 und aktuell in der sechsten Generation die Ulmer mit frischen Backwaren und mit dem Ulmer Zuckerbrot. Das süße Hefegebäck vom Ulmer Zuckerbäcker besteht aus Weizenmehl, Backmalz, Zucker, Hefe, Salz und als Besonderheit Rosenwasser, Malagawein, Anis sowie Fenchel und ist eher ein Teegebäck als ein klassisches Brot.

Blickt man in die Geschichtsbücher, soll schon um 1600 der Rat der Stadt jenes Brot in den Wein getunkt haben und auch Napoleon sei dem Gaumenschmaus um 1800 nicht abgeneigt gewesen. Einst gönnten sich nur die Reichen dieses Luxusprodukt. Heute steht es den Kunden ganzjährig zur Verfügung. Die Herstellung ist aufwendig. In Summe kommen inklusive Ruhezeit rund fünf Stunden zusammen.

Übrigens schmeckt das Zuckerbrot in feine Scheiben geschnitten mit Butter und einem süßen Aufstrich am besten. Womit wir wieder beim Hägemark wären. Tatsächlich gibt es in Ulm rund ums Brot noch mehr zu entdecken: Das Museum der Brotkultur im Ulmer Salzstadel beschäftigt sich mit der Technik- und Handwerksgeschichte rund um die Brotherstellung und die Dokumentation um den Mangel an Brot im Laufe der Menschheitsgeschichte. Sonderausstellungen und Veranstaltungen runden das Angebot ab.

Museum der Brotkultur, Salzstadel 10, 89703 Ulm,
www.museum-brotkultur.de

Die Guten ins Töpfchen – Alblinsen

»Viel Steine gab´s und wenig Brot«: Der schwäbische Dichter Ludwig Uhland brachte es in wenigen Worten auf den Punkt, warum die Menschen auf der Schwäbischen Alb oft Hunger litten und ihre liebe Not mit den kargen, steinigen Böden und dem rauen Klima hatten. Was jedoch gedieh, waren anspruchslose Pflanzen wie Linsen. Die kleinen, braunen Hülsenfrüchte machten satt, hatten einen recht erfreulichen Nährwert und waren schneller verdaut als andere Hülsenfrüchte. Zudem waren sie die zentrale Zutat für das schwäbische Nationalgericht Linsen mit Spätzle und Saitenwürstle – wäre da nicht die Stützhilfe, die die zarte Linsenpflanze im Wachstum benötigt, damit sie weder umfällt noch am Boden verschimmelt.

Die Bauern nutzen hierfür Getreide, gerne Gerste, welches sie nach der Ernte wieder mühsam von den Linsen trennen müssen und was ein wenig an das Märchen vom Aschenput-

Wenn Linsen, dann Alblinsen

tel erinnert. Ein nicht zu unterschätzender und vor allem teurer Arbeitsaufwand.

Während sich im Königreich Württemberg der Linsenanbau auf die Region Schwäbische Alb beschränkte und im Jahr 1864 fast 4500 Hektar eingefahren werden konnten, schlief er in der Mitte des letzten Jahrhunderts wegen schwankender Erträge und dem großen Aufwand mit knapp 200 Hektar fast ein. Irgendwann und zum Leidwesen der Linsenfans waren zudem die alten Sorten auf der Alb verschwunden. Die wenigen Bauern, die sich trotzdem der Linse von der Alb annahmen, nutzten stattdessen eine kleine, dunkelgrün marmorierte Linsensorte aus dem französischen Zentralmassiv, die sich auf den kargen Böden recht gut machte.

Dies ging so lange, bis durch einen Zufall im Jahr 2006 in der Saatgutbank im russischen Sankt Petersburg die alten Sorten Späths Alblinse I (Die Große) und Späths Alblinse II (Die Kleine) wiederentdeckt wurden. In mühevoller Arbeit vermehrten die Bauern in den Folgejahren das wertvolle wie geschichtsträchtige Saatgut und schafften es, die liebgewonnenen ursprünglichen Hülsenfrüchte von der Alb, die Alb-Leisa, wieder im Ertragsanbau anzubauen und Feinschmecker samt Gastronomen auf den Plan zu rufen. Beide historischen Sorten,»Die Große« und»Die Kleine«, sowie die hochwertige französisch dunkelgrüne Linse sind im Fachhandel erhältlich und überaus beliebt. Das Arme-Leute-Essen mit Linsensorten von der Alb ist gerettet.

Spätzlepioniere aus Trochtelfingen

Wir wissen, wo es Berge von Spätzle und andere feine Nudeln zu bestaunen, kaufen und sofort essen gibt: im Nudelschlaraffenland vor den Toren Trochtelfingens. Der Weg führt zu Alb-Gold, einem Familienunternehmen mit über 50-jähriger Geschichte – zwischenzeitlich einer der bedeutendsten Nudelhersteller Deutschlands. Los ging es dort 1968 mit Franz Freidler, der seinen Geflügelhof direkt vermarktete. Sein Spross Klaus übernahm 1977 und startete mit von Hand gewalzten Nudeln und einer Tagesproduktionsmenge von 40 Kilogramm. Rasch erleichterten Maschinen das mühsame Geschäft, das Unternehmen war auf Erfolgskurs unterwegs. Spätzle von der Alb waren und sind beliebt. Seit dem plötzlichen Tod des

Mehr Spätzle und Nudeln geht nicht. Seniors 2010 sorgen seine Frau Irmgard, die Söhne André und Oliver Freidler und ein Team von 400 Mitarbeitern dafür, dass die Teller bei allen Spätzle- und Nudelfans der feinen Albprodukte nicht leer bleiben. Und das sind ganz schön viele. Täglich produziert das Unternehmen bis zu 60 Tonnen Trocken- und Fertigteigwaren, verteilt auf über 150 Nudelsorten, darunter auch zig verschiedene Spätzle. Bauern- und Jägerspätzle, Kaiserspätzle, Knöpfle, Linsen- oder Schäferspätzle. Spätzle aus Dinkel oder Vollkorn, Urgetreide und sogar VfB Stuttgart Power Spätzle.

Für die Eiernudeln braucht es jeden Tag bis zu 200 000 Eier aus Bodenhaltung. Künstliche Zusätze und gentechnisch veränderte Rohstoffe kommen beim Spätzle-Trio freilich nicht in die Tüte. Das innovative wie kreative Familienunternehmen mit der Liebe zur Heimat setzt auf Transparenz, Ursprünglichkeit, Nachhaltigkeit und pflegt Partnerschaften zu regionalen Erzeugern und Mühlen. Den Bedarf an Dinkel, Emmer und Einkorn, den sogenannten Urgetreiden, die auch auf den kargen Böden der Alb gedeihen, können die Spätzlepioniere sogar zu 100 Prozent aus der Region decken. Dass man mit Spätzle und Soß' groß wird, wissen die rund 300 000 Besucher aus nah und fern längst, die jedes Jahr das Kundenzentrum mitsamt gläserner Produktion und Landmarkt, die fantastische Kräuterwelt und das Nudelrestaurant Sonne besuchen. Da gibt es übrigens den grenzenlosen Nudelspaß und jede Menge pfiffige Ideen, was aus Nudeln und Spätzle alles gezaubert werden kann. Auf die Spätzle, fertig, los!

Lebenselixier Wasser – natürlich von der Alb

Mit dem Wasser auf der Alb ist das so eine Sache. Es ist zwar schon seit jeher da, war aber nicht für alle verfügbar. Vor allem auf der Albhochfläche war die Trinkwasserversorgung für die Bewohner einst ein Desaster. Niederschläge versickerten in Windeseile in Ritzen und Spalten des zerklüfteten Kalkgesteins, um unterirdisch am Rand der Hochfläche in Quellen wieder zu Tage zu kommen. Den Bewohnern blieb nichts anderes übrig, als Hülen, also kleinere Teiche, zu bauen, Wasser aufzufangen und zu speichern. Sie teilten sich den nicht immer hygienischen Inhalt der Speicher mit ihrem Vieh und Löscheinsätzen. Zeitweise rollten Pferdefuhrwerke das wertvolle Nass aus den Tälern herauf. Verkauft wurde es in Eimern und zu Preisen, die pro Eimer dem Tageslohn eines Knechts entsprachen.

Pfiffige Ingenieure wie Karl Ehmann leisteten um 1866 mit ihren Plänen ausgezeichnete Pionierarbeit für die Versorgung mit sauberem Wasser. Ab 1870 verlegten und bauten sie Rohre, Druckleitungen, Brunnen und Pumpen, um das Wasser aus Karstquellen und ohne Einsatz fremder Energie zu den Menschen auf die Hochfläche zu schaffen.

Andernorts und zeitweise viele Jahre früher staunte man nicht schlecht, was bei Bohrungen und aus Brunnen noch alles aus der Tiefe sprudelte: wertvolles Mineral- und Thermalwasser. Als jüngstes Beispiel mag das Sauerwasser dienen, ein Natrium-Hydrogenkarbonat-Säuerling des Barbarossa-Brunnens in Eislingen. 1930 entdeckt und bei den Eislinger Bürgern trotz des gewöhnungsbedürftigen Geschmacks recht beliebt. Wie sich zeigt, sprudelt der klassische saure Sprudel reichlich aus den Tiefen der Alb. Mehrere Abfüllunternehmen bringen das erfrischende Nass, auf Wunsch aufgepeppt, unter das durstige Volk. So wie der Göppinger Mineralbrunnen, der bereits 1404 erstmals als Sauerbrunnen Erwähnung fand und zwischenzeitlich zur aquaRömer GmbH & Co. KG gehört.

Noch länger, seit 1200 Jahren, besteht der Mineralbrunnen Überkinger im Kurort Bad Überkingen. Überkinger ist noch heute ein Synonym für sauren Sprudel, das schwäbische Mineralwasser. Sprudel liefert auch die SilberBrunnen-Quelle in Reutlingen-Rommelsbach, die zur Romina Mineralbrunnen GmbH Reutlingen gehört. Romina Mineralbrunnen fördert zudem ein Mineralwasser aus der letzten Eiszeit, welches in rund 400 Metern Tiefe lagert, von Gesteinsschichten vor äußeren Einflüssen geschützt. Nicht ganz so tief ruht das Eisvogel Mineralwasser aus der Alb Cristall-Quelle in Rommelsbach bei Reutlingen, nämlich rund 350 Meter unter der Erde. Nicht zu vergessen die 1733 entdeckte Fürstenquelle. Sie machte sich zunächst in höfischen Kreisen und später auch beim Volk einen guten Namen.

Dass schwäbisches Albwasser auch äußerlich wirken kann, zeigen die schmucken Thermalbäder von A wie Alb Thermen bis V wie Vinzenz Therme, die sich aus der Tiefe mit gesundheitsförderndem Nass speisen. Mit einer Rekordtemperatur von 61°C liefert die Heilquelle der Alb Thermen Bad Urach überdies recht heißes Thermalwasser. Egal ob innerlich oder äußerlich genossen, veredelt oder pur, die Thermal- und Mineralwässer von der Alb bringen einem die geologische Geschichte und die Wasserversorgung auf ihre ganz eigene, sprudelnde, erfrischende und wohltuende Weise näher.

Legende oder Wahrheit? Der Uracher Brezelbäck

Verschiedene Erzählungen ranken sich um das von Hand geformte, schwäbische Laugengebäck mit den dünnen, knusprigen Ärmchen und dem dicken, aufgesprungenen und weichen Bauch. Eine ist besonders schön, sie stammt aus Bad Urach und erzählt die Geschichte vom Uracher Brezelbäck Frieder: Der war nicht nur ein einfacher Uracher Bäcker, sondern der Hofbäcker von Graf Eberhard im Barte. Und bei jenem Herrscher fiel der Bäcker durch üble Nachrede in Ungnade. Der erzürnte Graf steckte Frieder kurzerhand in das dunkle Gefängnis des alten Uracher Schlosses. Auf seine Missetat, die Beleidigung des Grafen, stand schließlich die Todesstrafe.

Nicht ganz uneigennützig und weil er die Backkunst Frieders eigentlich schätzte, gab der Graf seinem Bäcker eine zweite Chance und stellte ihm eine Aufgabe. Wenn Frieder es schaffe, innerhalb von drei Tagen einen Kuchen oder ein Brot zu erfinden, durch welches drei Mal die Sonne schien und dem Herrscher besser schmecke als alles, was er kannte, sei Frieder frei. Der arme Tropf machte sich freilich sofort ans Werk. Doch so recht wollte ihm nichts einfallen. Am dritten und letzten Tag bearbeitete er einen leicht gesalzenen Hefeteig, formte eine Schlinge und sah die verschlungenen Arme seiner ihn beobachtenden Frau. Er kopierte diese Form auf seine Teigwurst, verschlang die Teigwurstenden, und siehe da, er hatte ein Gebäck geschaffen, durch das drei Mal die Sonne scheinen konnte.

Rasch heizte er den Ofen an, hatte jedoch die Rechnung ohne seine Katze gemacht, die mit einem Satz aus der Ecke gesprungen kam und auf dem Backblech mit den Brezeln landete. Nun fielen diese in einen Eimer mit heißer Lauge, die als Würze für Suppe abgestellt war. Panisch fischte Frieder die Gebäckstücke wieder heraus, arrangierte sie in seiner Not und Todesangst erneut auf dem Blech und streute etwas grobes Salz darauf. Voller Spannung wartete er die Backzeit ab und war mehr als überrascht, als er die fertigen Teile sah. Sofort suchte er damit seinen Herrscher auf. Der kostete schweigend, hielt die verschlungenen Stücke gegen die Sonne und wollte wissen, welche Bezeichnung das Gebäck trage. Frieder fiel nichts ein und überließ die Namensfindung seinem Herrn. Der benannte das Gebäck Brazel, aus der später Brezel wurde, und bestellte für den nächsten Tag einen ganzen Korb davon.

Noch mal Glück gehabt, Frieder. Ein Gedicht an einer Uracher Bäckerei in der Nähe des Residenzschlosses erinnert an den tapferen Bäcker und daran, dass die Brezeln historisch durchaus etwas vorweisen können.

Frisch gebacken ein Hochgenuss: die Brezel

Alb-Genuss

Meckernde Rasenmäher

Die typische Kulturlandschaft der Schwäbischen Alb mit Wacholderheiden, Kalkmagerrasen und baumlosen Hängen zu pflegen, zu erhalten, vor Verbuschung und im schlimmsten Falle vor Verwaldung zu schützen, ist gar nicht so einfach. Nicht mit Maschinen und schon gar nicht von Menschenhand, vor allem auf großen Flächen oder an schwer zugänglichen Stellen. Ein Glück, dass Tausende von meckernden Zeitgenossen wie Ziegen und Schafe die Aufgabe der gezielten Beweidung der Schwäbischen Alb übernehmen, die dort wachsenden würzigen Kräuter futtern und durch ihren Kot für eine weite Verteilung der Samen sorgen. Denn die Wacholderheiden der Alb zählen zu den artenreichsten Biotopen in Mitteleuropa.

Letztendlich profitieren viele von der tierischen Unterstützung: die einzigartige Kulturlandschaft, die Verbraucher und Erholungssuchenden. Schäfer und Bauern dagegen können heute nicht mehr ausschließlich von der Weideaktivität ihrer Tiere leben, die dazu in der kalten Jahreszeit immer häufiger in großen Ställen überwintern, hierfür extra gefüttert werden müssen und dort auch ihren Nachwuchs bekommen. Dazu ist die fortlau-

Kräuter satt im Naturschutzgebiet rund um Münsingen

fend anfallende Wolle der Schafe nichts mehr wert. Sie müssen sich zusätzliche Wege suchen, um ihr Einkommen zu sichern. Beispielsweise in der Vermarktung des Fleisches oder der Milch.

Ziegen, Ziegenkitze und Lämmer aus der Heimat liefern feinstes wie mildes Fleisch, aber auch Milch, aus der sich verschiedene Käsespezialitäten herstellen lassen. Recht bekannt ist zudem die Wurst der Schwäbischen Alb, hergestellt ausschließlich aus Ziegen- und Lammfleisch, die von der Salami bis zur Lyoner reicht. Zu beziehen sind die Waren über den Direktvertrieb, aber auch auf Wochenmärkten in der Region rund um die Schwäbische Alb. Zubereitet und verfeinert genießen kann man sie in der örtlichen Gastronomie, die Wert auf die Verarbeitung regionaler Produkte legt. Erfolgreiche Versuche zeigen, dass auch die Wolle der Schafe aus der Region wieder beim Verbraucher ankommt. Sei es als Filz- oder Walkware für Kissen, Handschuhe, Schals, Mützen oder Jacken, als Wolle zum Sockenstricken oder als Endprodukt, bereits modisch in Szene gesetzt als pfiffige Naturstrickwaren. Da gibt es wirklich nichts zu meckern. Schafe und Ziegen für alle Sinne und vor allem für den Erhalt von etwas wirklich Einzigartigem.

Sieben auf einen Streich

Wer Metzingen hört, denkt an große Namen wie Hugo Boss und an die Outletcity, in der man wunderbar und bis zum Umfallen, manchmal sogar bis Mitternacht und online rund um die Uhr Designermarken und manch Praktisches einkaufen kann. Kenner sprechen gar von einem schwäbischen Shoppingparadies, welches sich mit den Jahren rund um den Lindenplatz gruppiert hat und jährlich über drei Millionen Besucher aus der ganzen Welt anlockt.

Die Erfolgsgeschichte begann bereits in den 1970er-Jahren in der alten Backsteinfabrik Metzingen, seinerzeit Textilzentrum und Heimat der Marke Hugo Boss. Die Welt der Marken und Schnäppchen prägt dabei das Stadtbild auf seine ganz eigene Art. Doch die beschauliche Kleinstadt im Ermstal hat noch weitere Qualitäten. Hierfür bedarf es allerdings zunächst eines Rundumblicks in die Natur und – auch wenn sie verlockend sind – weg von den Preisschildern mit den Angeboten. Denn die Weinberge zeugen von einer jahrhun-

Von Metzingen in alle Welt: Mode von Hugo Boss

dertealten Weinbautradition, deren Wurzeln noch auf dem Kelterplatz sichtbar sind.

Am einstigen Ortsrand von Metzingen befindet sich eine einmalige historische Anlage: die Sieben Keltern. Erstmals erwähnt wurden die Keltern von verschiedenen Grundherren um das Jahr 1281. Sicher ist, dass es schon vor 1500 n. Chr. sieben Keltern waren, die einst als offene Hallen und als Wetterschutz für zwei oder drei Kelterbäume dienten, mit denen die Trauben ausgepresst wurden. Zwei der Keltern besaßen einen Weinkeller. Nachdem im Dreißigjährigen Krieg fünf der sieben Keltern abbrannten und bis zum Jahr 1700 wieder aufgebaut wurden, befinden sich heute in den restaurierten Gebäuden das Weinbergmuseum, die Stadtbibliothek, eine Vinothek, Gastronomie sowie ein Veranstaltungsraum.

In Sachen Wein zählt die Weingärtnergenossenschaft Metzingen-Neuhausen übrigens zu den kleinsten Erzeugergemeinschaften im Weinland Württemberg. Wie die feinen Tropfen schmecken, die die Wengerter auf rund 30 Hektar anbauen und mit Herz und Seele in die Flaschen abfüllen, kann man in der Vinothek, in einer der Sieben Keltern aus dem Jahr 1657, bei einer Weinprobe verkosten. Jetzt lohnt der Weg nach Metzingen gleich doppelt.

Süße Verführungen

Wer hätte gedacht, dass pro Jahr mehr als 30 Millionen Adventskalender und rund 50 Millionen Schokoladenosterhasen die Rübezahl Schokoladen GmbH verlassen. Das Stammhaus von Rübezahl und damit der Quell aller Hohlfiguren von Rübezahl liegt in Dettingen unter Teck. Im Münsterland sitzt noch ein Tochterunternehmen für die Herstellung von Dragees. Die süßen Leckereien gehen dabei in weit mehr als 50 Länder. Bei Weihnachtsmännern und Osterhasen aus Schokolade sowie Schokoladenpuffreis und weiterem Naschwerk zählt der mittelständische Schokoladenunternehmer zu den führenden Süßwarenherstellern der Branche und ist im Ländle wohl der größte Hersteller von Schokoladen-Hohlkörperfiguren. Stolze 40 000 Tonnen Schokoladenprodukte verlassen jährlich die 1949 von Josef Cersovsky gegründete Firma. Saisonabhängig sind hier bis zu 900 Mitarbeiter beschäftigt und dabei immer ihrer Zeit voraus. Beißen die Kunden den Niköläusen noch die Mützen ab, sausen bereits die Osterhasen über die Produktionsbänder. Es soll ja alles rechtzeitig beim Kunden sein.

So ein süßes Oster- oder Weihnachtsfigürle aus Dettingen nimmt schon mal eine weite Reise bis nach Australien oder Japan auf sich, damit sich nicht nur die Schleckermäuler auf der Alb und im Ländle, sondern in aller Welt über die Leckereien vom Fuße der Alb freuen.

In Tuttlingen ging es mit dem Naschwerk schon 1884 ans Werk. Da gründete der Konditormeister Christian Storz die Storz Chocolade. Anfangs stellte der Konditor Lebkuchen und Makronen, Biskuits und Früchtebrot her. Ab 1900 dann Schokoladentafeln. Der Schwerpunkt liegt heute bei massiven Schokoladen-Stückartikeln für Ostern und Weihnachten, zudem bei Werbeschokolade aus Edelvollmilch. Hinzu kommen hochwertige Nougatspezialitäten und raffinierte Verbindungen von Schokolade und Poesie. Storz, in vierter Generation im Familienbesitz, vertreibt seine Verführungen weltweit.

Dass das noch nicht alles in der Kombination Schokolade und Schwäbische Alb ist, zeigt sich bei Klett aus Nehren. Gegründet 1953 durch Walter Klett, verlassen hier über 200 verschiedene Schokoladenhohlfiguren die Produktionsfläche. Man kann tun, was man will, irgendwie kommt man um die veredelten und herzallerliebst verpackten Gaumenfreuden aus Kakaomasse, Kakaobutter,

Zucker und Milchpulver von der Alb einfach nicht herum. Und klar ist: Das waren noch lange nicht alle Schokoladenkünstler und Confiseure, die uns mit süßen Überraschungen von der Alb verführen.

Albbüffel – ausgewandert und wieder eingebürgert

Yiiiiihaaa! Wenn man zuschauen möchte, wie Cowboys ihre Büffelherden zusammentreiben, muss man nicht unbedingt in den Wilden Westen – ein Ausflug auf die Schwäbische Alb reicht. Auf den saftigen Albkräuterwiesen rund um Hohenstein-Meidelstetten grasen die rund 700 Kilogramm schweren Kolosse. Längst gehören die Büffel mit ihren breiten Hörnern hier zum Landschaftsbild. Denn so exotisch sie auf den ersten Blick anmuten, sind sie doch im Grunde ihres Herzens echt schwäbisches Urvieh.

Dass Wasserbüffel einst zu den Ureinwohnern der Schwäbischen Alb zählten, beweisen fossile Funde in Steinheim an der Murr. Dort wurden rund 300 000 Jahre alte Überreste der Tiere entdeckt. Vor ungefähr 120 000 Jahren sind die Büffel allerdings aus noch unbekannten Gründen von der Alb verschwunden. Bis Willi Wolf, der schwäbische Cowboy, sie zurückgeholt hat.

Er ging der Spur der Tiere nach. Fündig wurde er bei seiner Suche nach Nachfahren der ursprünglichen Albbüffel schließlich in Rumänien. Den ausgeprägten Charakter und das freundliche Wesen der Tiere dort nahm er als untrügliches Zeichen für ihre schwäbischen Wurzeln.

2005 schließlich legte Wolf den Grundstein für die Albbüffelzucht. Er holte 36 Büffelkühe auf seinen Hof nach Hohenstein-Meidelstetten, wo bereits Bulle Attila wartete. Heute umfasst seine Zuchtherde in Meidelstetten knapp 300 Tiere. Die köstlichen Landschaftspfleger kümmern sich unter anderem auch darum, Schlehen- oder Brombeerhecken, Disteln und Brennnesseln im Zaum zu halten. Ein großes Spektakel ist das jährliche Weidefest und der Weideabtrieb.

Bundesweit bekannt wurden die tiefschwarzen Albbüffel durch zahlreiche Fernsehbeiträge. Seit 2011 gehören die Albbüffel zu den Qualitätsmarken des Biosphärengebiets Schwäbische Alb.

Die Tiere sind aber nicht nur schön anzuschauen, sondern auch äußerst lecker. Für die Verarbeitung des Fleischs ist die Metzgerei von

Köstliches vom und mit Büffel

Ludwig Failenschmid in St. Johann-Gächingen zuständig. Hier wird der luftgetrocknete Albbüffelschinken produziert, hier kommen die Büffelwurst und die -steaks her, und hier werden – auch das gibt's nur auf der Alb – die Albbüffel-Göschle gemacht, also Maultaschen mit Büffelfleischfüllung.

Auf dem Heidäcker Hof in Ödwaldstetten grast zudem eine Milchbüffelherde. Nur etwa fünf Liter Milch gibt eine Büffelkuh pro Tag – bei normalen Milchkühen sind es bis zu 25 Liter. Und um möglichst viel von dem kostbaren Gut zu bekommen, werden die Tiere beim Melken schon mal mit Alphornklängen verwöhnt. In der Hohensteiner Hofkäserei macht Helmut Rauscher aus der Milch dann den einzigartigen Albzarella – einen Büffelmozzarella von der Alb.

Das Leder der Albbüffel wird zu Möbelbezügen, Gürteln oder sogar Trommelfellen verarbeitet.

Büffelführungen, auch für Gruppen, gibt's bei Willi Wolf in Meidelstetten jeden zweiten Samstag im Monat – im Sommer auf den Weiden, im Winter im Laufstall. Telefonische Anmeldung unter (07387) 579. Weitere Infos unter www.willi-wolf.de.

Verkosten lässt sich der Albbüffel unter anderem im Landgasthof Hirsch der Albmetzgerei Failenschmid in St. Johann-Gächingen. Mehr Infos unter www.failenschmid.de. Dort kann man auch online Fleisch bestellen.

Einen Einblick in die Kunst des Käsens und Verkostungen bietet die Hohensteiner Hofkäserei. Weitere Infos unter www.albkaes.de

Bier von der Alb

Knapp 200 Brauereien gibt es in Baden-Württemberg, das damit – was die Vielfalt angeht – in Deutschland die Nummer zwei hinter Bayern ist. Allein auf der Schwäbischen Alb finden sich rund 60 Brauereien.

Wenn darunter eine ist, die mit Fug und Recht behaupten kann, ihr Bier sei ein Hochgenuss, dann ist es die Hirschbrauerei aus Böhringen. Der Ort, der zu Römerstein gehört, liegt im Herzen der Alb auf 750 bis 800 Metern über dem Meer. Seit 1826 wird in der höchstgelegenen Privatbrauerei Württembergs Bier gebraut. Die Rohstoffe stammen aus der Region, Tradition wird großgeschrieben. Im Falle des »Keltoi« reichen die Wurzeln sogar rund 2000 Jahre zurück bis zu den Kelten, die einst unweit am Heidengraben die größte Siedlung Europas hatten und auch damals wohl auch schon Bier gebraut haben. Zumindest deuten Funde von Bierkrügen in Keltensiedlungen darauf hin.

Die älteste Brauerei auf der Schwäbischen Alb steht in Dellmensingen. Das zumindest sagt die Chronik der Familie Brehm, der die Adlerbrauerei gehört:

1444 sei demnach die Brauerei erstmals urkundlich erwähnt, die Brautradition in der Familie reiche aber sogar bis 1349 zurück. Heute produziert die Adlerbrauerei rund 1000 Hektoliter pro Jahr. Wer in den Genuss des Bieres kommen will, muss nach Dellmensingen, das zwischen Ulm und Ehingen liegt. Ausgeschenkt wird der Gerstensaft nämlich nur in der Brauereigaststätte, verkauft wird er im eigenen Getränkeladen, und ausgeliefert wird er lediglich in einem Umkreis von 30 Kilometern.

Bis ins Jahr 1466 reichen auch die Wurzeln der Brauerei Berg in Ehingen zurück. Damals wurde dem Wirtshaus bei den Höfen am

Berg urkundlich das Recht zum Backen, Sieden und Metzeln verliehen. Seit 1757 wird dort in Familientradition gebraut. Die Braugerste kommt heute von gut 30 Landwirten aus der Region. Und mal ehrlich – nomen est omen –: Was könnte besser zur Alb passen als Berg-Bier!

Hochgehalten haben das Bierbrauen auch immer schon die Mönche – schließlich bricht Flüssiges das Fasten nicht. Deshalb soll das Zwiefalter Klosterbräu nicht unerwähnt bleiben, auch weil Zwiefalten einer der großen touristischen Anziehungspunkte auf der Alb ist. Die Abtei, die die Benediktiner 1089 dort gründeten, ist eine der schönsten Klosteranlagen weit und breit. 1521 wurde die klostereigene Brauerei erstmals urkundlich erwähnt. Schnell sprach sich die besondere Qualität des dortigen Gerstensafts herum, und bald schon wurde das Kloster zum Anziehungspunkt für Reisende. Im Zuge der Säkularisierung wurde 1803 die Abtei aufgelöst, und die Mönche wurden vertrieben. Die Brauerei ging schließlich in private Hände über.

Aber auch andere Biergeschichten nahmen auf der Schwäbischen Alb ihren Lauf. So stammt der Gründer der Beck's-Brauerei – heute weltweit eine der bekanntesten Marken und Inbegriff norddeutschen Biers – ursprünglich aus Eislingen an der Fils, wo er 1832 geboren wurde, ehe er über Amerika den Weg nach Bremen fand.

Und auch die Stuttgarter Hofbräu hat seine Wurzeln eigentlich in Hechingen, wo die Mönche des Klosters St. Luzen 1591 das Braurecht erhielten und 1608 erstmals Bier an den fürstlichen Hof lieferten.

Brauereiführungen samt Verkostung
unter www.boehringer-biere.de, www.adler-dellmensingen.de,
www.bergbier.de oder www.zwiefalter.de

Brennende Leidenschaft für schwäbischen Whisky

Ach ja, Schwaben und Schotten haben so viel mehr gemeinsam als den Geiz. Ein Hochland zum Beispiel. Was den Schotten ihre Highlands, ist den Schwaben die Alb. Und was kommt aus dem Hochland? Whisky natürlich!

1989 war Christian Gruel der Erste, der schwäbischen Whisky gebrannt hat: den »Tecker«. Hochprozentiges hat aber schon eine

Feindestillate von den Streuobstwiesen

viel längere Tradition im Lautertal. Gegründet wurde die Brennerei Gruel im Ortskern von Owen/Teck schon 1926.

Seitdem destilliert Generation für Generation Obst- und andere Edelbrände – man könnte fast sagen, ohne Alkohol kann die Familie nicht leben.

Entscheidende Zutaten für einen Whisky sind Wasser und Getreide. Auf sechs Hektar baut die Familie Gruel deshalb eigenes Getreide an, das dann in insgesamt drei Brennereien weiterverarbeitet wird. Denn eigentlich ist ein Whisky im Urzustand nichts anderes als ein Korn. Erst durch die Lagerung in den richtigen Fässern bekommt der klare Schnaps über das Holz seine Farbe und das Aroma. Eine weitere Zutat ist die schwäbische Gründlichkeit: Gruel und Co. setzen nämlich auf ein anderes Brennverfahren als die Schotten und bekommen so den deutlich reineren Alkohol, was die Weiterverarbeitung erleichtert.

Den Originaltecker gibt es heute in zwei Ausführungen: als einfacheren »Swabian Single Grain« aus Bioweizen und Gerstenmalz, fünf

Jahre in ehemaligen Bourbon- und Barriquefässern gelagert – und als »Sherry Cask Single Malt«, rein aus Gerstenmalz, zehn Jahre in Ex-Bourbon-Whisky-Fässern und ehemaligen Oloroso-Sherry-Fässern gelagert.

Inzwischen ist heimischer Whisky zum echten Trend geworden. Eine schwäbische Whisky-Botschafterin trägt die Kunde vom Lebenswasser – nichts anderes bedeutet Whisky dem gälischen Wortursprung Uisge beatha nach – von der Alb in alle Welt hinaus. Etliche Brennereien in der Region eifern Gruel nach. So viele, dass es sogar einen schwäbischen Whisky-Führer und einen jährlichen Whisky-Walk am Fuß der Burg Teck gibt, bei dem sich Neugierige im Rahmen einer Wanderung durch das gesamte Sortiment kosten können.

Infos zu den schwäbischen Whiskysorten und zum Whisky-Walk unter www.schwaebischer-whisky.com

ALB-KÖPFE

Das Genie schlechthin

»Ich habe keine besondere Begabung, sondern bin nur leidenschaftlich neugierig«, soll der 1879 in Ulm geborene Nobelpreisträger und Physiker Albert Einstein von sich gesagt haben. Bekannt wurde Einstein vor allem durch die von ihm aufgestellte Relativitätstheorie und seine berühmte Formel $E=mc^2$, die besagt, dass sich Materie in Energie umwandeln lässt. Albert Einstein war indessen ein ganz normales Kind, ein wenig eigensinnig und frech, besuchte die Volksschule und das Gymnasium und interessierte sich schon früh für Naturwissenschaften und Mathematik.

Der kluge Physiker bei einer Vorlesung in Wien 1921

Mit 15 Jahren verließ er die Schule ohne Abschluss, holte diesen aber in der Schweiz nach und studierte dort erfolgreich Lehramt für Mathematik und Physik. Eine Anstellung als Lehrer oder Assistent an der Universität blieb ihm verwehrt. Stattdessen verdiente er sich sein erstes Geld in Bern als Prüfer im Patentamt, promovierte 1906 in Zürich und widmete sich in seiner Freizeit seinem eigentlichen Steckenpferd, der

Grundlagenforschung und der Physik. Einstein bemühte sich um eine wissenschaftliche Karriere, wurde Privatdozent, Professor und Mitglied der Preußischen Akademie der Wissenschaften. 1921 erhielt der visionäre Physiker den Nobelpreis für Physik für seine 1905 gemachte Entdeckung des Gesetzes zum photoelektrischen Effekt.

Aufgrund der politischen Entwicklung in Nazideutschland und seinen jüdischen Wurzeln verließ das Genie 1932 zusammen mit seiner Familie Deutschland und ließ sich in den USA in Princeton/New Jersey als Professor nieder. Noch im ersten Kriegsjahr des Dritten Reiches beschäftigte er sich gedanklich mit der Nuklearenergie und schlug dem amerikanischen Präsidenten Roosevelt vor, sich mit dem Bau einer Atombombe zu befassen. Später plagten ihn deshalb Schuldgefühle, da bei der Bombardierung von Hiroshima und Nagasaki unsäglich viele Menschen durch diesen Bombentyp zu Tode kamen. Fortan machte er sich für die friedliche Nutzung der Atomenergie stark.

Nach dem Tod seiner Frau verstarb der Ausnahmewissenschaftler mit schwäbischen Wurzeln im Alter von 76 Jahren vereinsamt in Princeton. Seine weltberühmten Forschungsergebnisse und Theorien beschäftigen bis heute die Wissenschaft. Die experimentellen Beweise gelingen teilweise erst jetzt, nach fast 100 Jahren. Der Schnappschuss an seinem 72. Geburtstag mit heraushängender Zunge, Schnurrbart, zerzausten weißen Haaren und aufgesperrten Augen ist heute ein Synonym für ein geniales, zerstreutes Genie.

Der Kardinal von der Alb

Wenn man nur immer so genau wüsste, was aus Kindern einmal werden wird. Karl Lehmann jedenfalls, am 16. Mai 1936 als Kind des Volksschullehrers Karl Lehmann und seiner Frau Margarete, Buchhändlerin, in Sigmaringen geboren, genoss bis zu seinem Tod im Jahr 2018 überregional als katholischer Theologe Hochachtung und Respekt und legte als beliebter Oberhirte eine beachtliche Karriere hin. Die Eltern dürften mit dem Werdegang ihrer Kinder zufrieden gewesen sein. Während Karls Bruder Reinhold Journalist wurde, wählte der als eher ruhig und sehr zuverlässig beschriebene Karl die kirchliche Laufbahn. Der Bub war Ministrant, aktiv im Fußball und in der Leichtathletik und verfügte schon früh über ein beachtliches Allgemeinwissen. Der spätere Bischof von Mainz und jahrelange Vorsitzende der Bischofskonferenz mit schwäbischen Wurzeln Prof. Dr. phil. Dr. theol. Dr. h. c. mult. Karl Kardinal Lehmann studierte, nachdem er das Abitur in Sigmaringen absolviert hatte, zunächst in Freiburg und später in Rom Philosophie und Theologie. Anschließend wurde er in beiden Fachgebieten promoviert. 1963 empfing er die Priesterweihe. Fortan widmete er sich viele Jahre der Wissenschaft, übernahm im Alter von 32 Jahren einen Lehrstuhl in Mainz und wurde 1983 zum Bischof von Mainz ernannt. Der Wechsel vom Professor zum Bischof fiel ihm nicht leicht, dennoch widmete er sich mit ganzer Kraft und Liebe seinem Amt und im Besonderen der Ökumene. Ergänzend übernahm er das Amt des Vorsitzenden der Deutschen Bischofskonferenz. Erst 2001 wurde aus dem Kardinal der Herzen auch der offizielle purpurfarbene Würdenträger, als Papst Johannes Paul II. ihm die Kardinalswürde verlieh. Seine Eltern und sein Bruder waren zu diesem Zeitpunkt bereits verstorben. Kardinal Lehmann gilt auch im Rückblick als offener und sehr populärer Mensch, als gefragter Gesprächspartner und als Geschenk für die katholische Kirche. Die Menschen hatten ihn aufgrund seiner Art und seiner Kompetenz ins Herz geschlossen.

Die bekannteste Arzneimittelmarke aus Deutschland

Die aus Ulm stammende Arzneimittelmarke Ratiopharm und der damit verbundene Name Merckle können mit Superlativen punkten. Nicht nur, dass die weithin bekannte Marke seit über 40 Jahren für qualitativ hochwertige Arzneimittel zu kleinen Preisen steht und seit über 20 Jahren erfolgreich mit Zwillingspaaren für ihre Produkte wirbt. Die Ratiopharm GmbH in Ulm war 1973 das erste europäische Generikaunternehmen überhaupt. Unter Generika versteht man Arzneimittel mit gleichen Wirkstoffen, sogenannte Nachahmerprodukte, die nach Ablauf des Patentschutzes des Erstanbieters zu meist weit günstigeren Preisen auf den Markt kommen. Sie können günstiger angeboten werden und entlasten die Kosten des Gesundheitssystems, da aufwendige und teure Forschungskosten entfallen. 1989

Mit Generika zum Erfolg

kann sich Ratiopharm erstmals als Nummer eins auf dem deutschen Generikamarkt behaupten. Zwischenzeitlich gehört Ratiopharm zur Teva Pharmaceuticals Industries Ltd. und ist laut einer Studie aus dem Jahr 2012 die bekannteste Generikamarke in Deutschland.

Hinter all dem Erfolg steckt die Familie Merckle. Allen voran war Adolf Merckle 1881 aktiv, als er im österreichischen Böhmen einen Großhandel von chemischen und pharmazeutischen Rohmaterialien gründete. Der Gründersohn Ludwig Merckle übernahm, wurde 1945 im Sudetenland enteignet, baute die Merckle GmbH zunächst in Blaubeuren wieder auf und wechselte später nach Ulm. 1967 erbte Sohn Adolf, Jurist, die Firma in der dritten Generation und sorgte mit seinem unternehmerischen Engagement nicht nur für das Vorankommen der Merckle Unternehmensgruppe, sondern auch für viele Beteiligungen in anderen Bereichen, vom Skilift bis zum Pistenraupenhersteller Kässbohrer. Zeitweise galt Adolf Merckle als der fünftreichste Deutsche. Der schaffige Eigentümer wurde vielfach ausgezeichnet, unter anderem war er Träger des Bundesverdienstkreuzes Erster Klasse und mit Ehrendoktorwürden ausgestattet. Der bergaffine viermalige Familienvater und schwäbische Vorzeigeunternehmer sorgte im Januar 2009 und inmitten der Finanzkrise ein letztes Mal für große Schlagzeilen, als er aufgrund der Finanzprobleme des Unternehmens seinem Leben ein Ende setzte.

Die Marke Ratiopharm mit dem eingängigen Werbeslogan »Gute Preise. Gute Besserung« ist zwischenzeitlich ein Klassiker, die Wiedererkennung des Ratiopharmsortiments unerreicht hoch. Nach wie vor ist der Deutschlandsitz des Unternehmens in Ulm verortet.

Käpsele von der Alb

Mitunter weltberühmt, populär, ausgezeichnet und mit Klasse zeigt sich die Prominentenauswahl von der Alb. Dass die Familiennamen der Ausgesuchten allesamt mit dem Buchstaben K beginnen, ist reiner Zufall.

Sie bekam unter anderen den Bambi, den Echo und die Goldene Kamera und war Trägerin des Bundesverdienstkreuzes Erster Klasse, seit 2017 fährt zudem ein ICE 4 unter ihrem Namen: Hildegard Knef. Ein Ulmer Kind, geboren am 28. Dezember 1925, verstorben am 1. Februar 2002 in Berlin. Lange verweilte die berühmte Sängerin, Film- und Theaterschauspielerin und Schriftstellerin Knef allerdings nicht in Ulm. Nachdem der Vater 1926 verstorben war, zog die Mutter mit der Tochter nach Berlin. Ein Stern auf dem Boulevard der Stars in Berlin sowie eine Gedenktafel erinnern an eine besondere Frau.

Verweilen wir in Ulm und blicken zurück auf das Jahr 1951. Da wurde Michael Friedrich Wilhelm Krüger quasi auf der Durchreise geboren. Vermutlich ist er eher bekannt als Mike Krüger, Komiker, Schauspieler, Kabarettist und Sänger. Ja genau, die Kultfigur mit der großen Nase und den unvergesslichen Gassenhauern »Mein Gott, Walther« oder »Der Nippel«.

Klaus Kinkel erblickte 1936 in Metzingen das Licht der Welt und durchlief eine politische Karriere. Nach dem Abitur in Hechingen studierte er Rechtswissenschaften in Tübingen, Bonn und Köln. Fortan stand die Politik im Fokus des Schwaben. Unter anderem war er Präsident des Bundesnachrichtendienstes, Staatssekretär im Bundesministerium der Justiz und Bundesvorsitzender der F.D.P. Es folgten die Ämter des Bundesministers der Justiz sowie des Auswärtigen Amtes.

Auch Claus Kleber, der preisgekrönte Nachrichtenmann, Jurist, Buchautor und Journalist, hat seine Wurzeln auf der Schwäbischen Alb. Geboren 1955 in Reutlingen, zog es ihn schon bald nach

Liechtenstein und weiter nach Köln. Sein Jurastudium absolvierte er teilweise in Tübingen. Heute präsentiert der Schwabe regelmäßig Deutschlands wichtigste Nachrichtensendung und reist für Dokumentationen rund um den Globus.

Dann haben wir noch Hubert Kah, bürgerlich Hubert Kemmler, ein Reutlinger Bub. Geboren 1961, verdiente er sich seine Brötchen als Musiker, Komponist, Liedtexter und Produzent. Bekannt wurde er während der Neuen Deutschen Welle in den 1980er-Jahren mit seinen Singles »Rosemarie« und »Sternenhimmel«.

Noch ein Promi mit K kommt von der Alb ra: Der Klinsi, Jürgen Klinsmann, 1964 in Göppingen geboren. Der verweilte zum Stolz der Älbler etwas länger in seiner Geburtsgegend, kickte zunächst in Gingen an der Fils und später in Geislingen, bevor er in die Landeshauptstadt zu den Kickers wechselte, auf Beschluss seiner Eltern das Bäckerhandwerk lernte und beim VfB Stuttgart landete. Der zweimalige Fußballer des Jahres, Welt- und Europameister und Bundestrainer war zudem bis 2016 Trainer der Fußballnationalmannschaft der Vereinigten Staaten.

Halt lauter Käpsele von der Alb.

Bernhard Kempa

Ein Mann, ein Trick: Kempa. Es war ein Spieler von Frisch Auf Göppingen, der den wohl raffiniertesten und berühmtesten Spielzug des Handballs erfunden hat. In der 1950er-Jahren hat Bernhard Kempa seinen Sport revolutioniert. Er galt zu seiner Zeit als bester Handballer der Welt.

Seine Geburtsstunde hatte der Kempa-Trick den Geschichtsbüchern zufolge bei einem inoffiziellen Länderspiel zwischen Deutschland und Schweden am 24. März 1954 in der Karlsruher Schwarzwaldhalle. Entstanden ist er – glaubt man dem Erfinder – aus Jux und Dollerei beim Training von Frisch Auf. Die Erklärung von Kempa selbst klingt denkbar einfach: »Ein Anspieler hebt den Ball über die Abwehr, sein Mitspieler springt möglichst hoch in den Wurfkreis, fängt den Ball noch im Flug und wirft ein Tor.« In Wirklichkeit ist der Spielzug hochkomplex und erfordert extrem viel Präzision beim Anspiel und eine gewaltige Sprungkraft beim Werfer. Schließlich zählt das Tor

Bernhard Kempa bei der Handball-WM 1952

nur, wenn der Ball die Hand des Werfers schon wieder verlassen hat, bevor er gelandet ist.

Bei Spitzenspielern, die den Kempa-Trick draufhaben, sehen die Abwehr und der Torhüter aufgrund der Dynamik des Spielzugs meist ziemlich alt aus. So wie die Franzosen bei der Handball-WM 2007, als sich die deutsche Nationalmannschaft auf dem Weg zum Titel in der Verlängerung des Halbfinales per Kempa-Trick den Weg ins Endspiel ebnete. Weil das Risiko des Misslingens doch recht groß ist, wird der Trick meistens erst dann eingesetzt, wenn ein Spiel schon entschieden ist – als technisches Zuckerstückchen für die Zuschauer.

Kempa selbst machte sich als 31-facher Nationalspieler mit den Weltmeistertiteln 1952 und 1955 im Feldhandball zur Legende. Aber nicht nur das: Mit 47 Jahren entdeckte er Tennis für sich und machte sich mit drei Titeln bei den Senioren zum Weltmeister in zwei Sportarten. 2011 wurde er in die »Hall of Fame« des deutschen Sports aufgenommen. Er bekam das Bundesverdienstkreuz und die Verdienstmedaille des Landes Baden-Württemberg. Der Deutsche Handball-Bund nannte ihn ein »Idol für Generationen«.

Im Handball schaffte er mit Frisch Auf Göppingen 1954 als Spielertrainer den Durchbruch und gewann mit den »Kempa-Buben«, wie die extrem junge Mannschaft damals genannt wurde, den Deutschen Meistertitel im Hallen- und im Feldhandball. Kempa holte bis zu seinem Karriereende als Spieler 1957 noch zwei und als Trainer anschließend noch weitere fünf Deutsche Meistertitel sowie 1960 den Europapokal nach Göppingen. Das machte Frisch Auf für Jahre zur prägenden Größe im deutschen Handball und zum Aushängeschild der Stadt. Kempa selbst wurde am 19. November 1920 im oberschlesischen Oppeln geboren. Mit 14 Jahren begann er mit dem Handballspiel. Nach dem Zweiten Weltkrieg kam er 1947 nach München, wo er vom TSV 1860 für eine Maß Bier und ein Stück Leberkäse fast als Fußballer abgeworben wurde. Nach Göppingen verschlug es ihn anschließend eher durch Zufall – doch dann ist er der Stadt sein ganzes Leben lang treu geblieben. Zum Schluss lebte er in Bad Boll. Im Sommer 2017 ist Bernhard Kempa im Alter von 96 Jahren gestorben.

Sein Name aber lebt weiter: Der Balinger Hersteller Uhlsport hat eine Sportartikellinie nach ihm benannt. Die trägt unter anderem die deutsche Nationalmannschaft, die in Kempa-Trikots 2007 Weltmeister und 2016 Europameister wurde.

Carina Vogt und der springende Punkt

Zugegeben, beim Skispringen denkt man nicht gerade an die Schwäbische Alb, eher an Oberstdorf in den Alpen oder vielleicht auch an Hinterzarten im Schwarzwald. Und doch kommt die erste Skisprung-Olympiasiegerin aller Zeiten aus Schwäbisch Gmünd. Bei den Olympischen Winterspielen in Sotschi holte sie sich 2014 beim erstmals ausgetragenen Frauenwettbewerb mit Sprüngen von 103 und 97,5 Metern den Titel von der Normalschanze. 2015 und 2017 kürte sie sich bei den Titelkämpfen im schwedischen Falun und im finnischen Lathi jeweils zur Doppelweltmeisterin.

Geboren wurde Carina Vogt am 5. Februar 1992. Mit dem Skispringen kam sie erstmals – wie könnte es auch anders sein – im Sommer in Berührung: Bei einem Sommerferiencamp des Skiclubs Degenfeld, der auch heute noch ihr Heimatverein ist, absolvierte sie als Sechsjährige mit Abfahrtsskiern die ersten Sprünge von einer kleineren Schanze und war sofort begeistert von der Sportart. Mit 13 Jahren hängte sie dann Reiten und Leichtathletik an den Nagel, konzentrierte sich ganz aufs Skispringen und ging aufs Skigymnasium Furtwangen. Zudem absolvierte die 1,71 Meter große Athletin, die heute in Waldstetten lebt, eine Ausbildung zur Polizeimeisterin. Ihr

Immer hoch hinaus heißt es beim Schanzenspringen. zu Ehren wurde bei der Schanzenanlage in Degenfeld 2015 ein Carina-Vogt-Weg eingeweiht.

Überhaupt hat das Skispringen eine große Tradition auf der Schwäbischen Alb. So listet das Skisprungschanzenarchiv insgesamt 66 Anlagen in ganz Baden-Württemberg auf – 17 davon finden sich auf der Alb.

1927 wurden die ersten schwäbischen Meisterschaften im Skispringen ausgetragen – und gäbe es einen passenderen Ort mit einem treffenderen Namen als die »Winterhalde im Kalten Feld« bei Degenfeld für dieses Ereignis? 1926 wurde die Winterhalderschanze dort gebaut und ist bis zum heutigen Tag noch in Betrieb.

Bei internationalen Wettkämpfen werden auf der 88-Meter-Schanze Weiten von bis zu 100 Metern gesprungen. 2017 wurde sie umgebaut – und die Ehre der feierlichen Einweihung und des Weihesprungs hatte natürlich Lokalmatadorin Carina Vogt.

Von der Ernst-Ruoß-Gedächtnisschanze in Neidlingen können noch heute Sprünge von bis zu 40 Metern absolviert werden. In Wiesensteig steht eine 20-Meter-Schanze, ebenso wie in Mehrstetten. In der Skiarena Täle in Meßstetten sind gleich drei Anlagen in Betrieb. Von den Heubergschanzen springen die Athleten 20, 40 oder 60 Meter weit, ebenso wie von den Herwartschanzen in Königsbronn. Die Wasenschanze in Pfullingen wurde 1954 erbaut, konnte aber wegen Schneemangels erst im Winter 1956 eingeweiht werden. Heute ist vorgesorgt: Die 30-Meter-Schanze ist inzwischen mit Matten sogar für den Sommerbetrieb ausgerüstet.

Eine wechselvolle Skisprunggeschichte erlebte Laichingen: 1926 wurde die Schanze am Eichberg gebaut und Anfang der 1960er-Jahre wieder abgerissen. Ende der 1970er-Jahre wurde sie dann als Naturschanze wieder in Betrieb genommen, bekam 1983 sogar einen neuen Anlaufturm, fiel aber Mitte der 1990er-Jahre vor allem wegen Schneemangels wieder in einen Dornröschenschlaf.

In Waldstetten wurde der hölzerne Anlaufturm der Skisprunganlage nach dem Ende der sportlichen Nutzung 1960 noch bis in die 1970er-Jahre als Aussichtsturm genutzt, musste dann aber wegen Baufälligkeit abgerissen werden. Geschichte ist auch die Lautertalschanze in Herrlingen, die bereits 1969 abgerissen wurde, nachdem sie zuvor bei Wettkämpfen bis zu 8000 Skispringanhänger in den Ort gelockt hatte. Dasselbe Schicksal teilen die Eugen-Handel-Schanze am Grasberg bei Metzingen, die Zollern-Alb-Schanze bei Onstmettingen und die Tiefentalschanze bei Münsingen. Die Greuth-Skihang-Schanze in Gerstetten steht noch ganz gut da, wird aber nicht mehr genutzt.

Der Panda unter den Rappern

Genau einen Panda gibt es unter den Deutschrappern, und der ist aufgewachsen – wo sonst – in freier Wildbahn auf der Schwäbischen Alb. Genauer gesagt in Aalen. Dort besuchte er die Realschule auf dem Galgenberg. Geboren wurde Cro 1990 in Mutlangen als Carlo Waibel. Seine Auftritte absolvierte er bis 2017 konsequent mit einer Pandamaske, um sich im Leben abseits der Bühne freier bewegen zu können. Und wenn schon einzigartig, dann gleich richtig. Denn wer sonst macht schon »Raop«. So nennt Cro seinen Musikstil: eine Mischung aus Rap und Pop.

Ende 2017 hat er nach drei Jahren kreativer Schaffensphase sein drittes Album »Tru« abgeliefert. Darin geht es um ihn und – wie er in einem Interview erzählt – um die großen Fragen wie »Wo bin ich?«, »Wo will ich hin?« oder »Was ist echt?«. Passend dazu hat er erstmals öffentlich in einem Video die Maske abgelegt.

Mit der Musik angefangen hat Carlo etwa mit zehn Jahren. Er lernte Klavier und Gitarre. Doch bevor er professionell als Musiker durchstartete, machte er eine Ausbildung als Mediengestalter und zeichnete Cartoons für eine Zeitung. Seine überschüssige Kreativität lebt er noch heute nebenbei als Klamottendesigner mit eigenem Label aus – oder auch mal als Schauspieler wie im Kinofilm »Unsere Zeit ist jetzt« von 2016, in dem es um Cros Leben geht.

2009 veröffentlichte er auf »Lyrics« seinen ersten Song auf einem Mixtape, lernte den Reutlinger Hip-Hop-Musiker Kaas kennen und kam so schließlich zum Independent-Label Chimperator, das ihn unter Vertrag nahm. 2011 brachte er seinen ersten Hit »Easy« heraus. Sein Künstlername kommt übrigens vom Graffitisprühen. Da war ihm Carlo zu lang, so fielen »a« und »l« einfach raus.

Mit seinen ersten drei Alben kletterte der Rapper jeweils auf Platz eins der Musikcharts. In seiner Heimat wird der Star gefeiert: 2015 lockte er zum Beispiel gut 18 000 Fans zu seinem Open-Air-Konzert in die Aalener Ostalb Arena.

Dort, in seiner alten Heimat, würde er auch gerne mal wieder mehr Zeit verbringen, wie er unlängst in einem Interview bekannte. Allein die Zeit fehle ihm bei all den Touren, Fernsehauftritten und der Arbeit im Musikstudio. Wobei – weit weg hat es ihn nicht verschlagen. Heute lebt und arbeitet er in Stuttgart. Seinen Dialekt hat er inzwischen abgelegt – zumindest für die große, weite Musikwelt. Schwäbisch geschwätzt wird nach eigenem Bekunden nur noch bei den Besuchen zu Hause bei Mama.

Und bei aller Liebe zur Panda-Maske – mit der oberschwäbischen Fasnet könne er so gar nichts mehr anfangen, hat er einmal verraten. Genauso wenig wie mit schwäbischen Tugenden à la Kehrwoche oder »Schaffe, schaffe, Häusle baue«. Nur das schwäbische Essen – das habe es ihm nach wie vor angetan.

Ein Schwabe im Weltall

Der erste Schwabe im All – und wohl auch der erste Klempner – kommt aus Reutlingen: Ernst Messerschmid. Geboren wurde Messerschmid am 21. Mai 1945 in Reutlingen. Messerschmid war insgesamt der dritte Deutsche im Weltall nach Sigmund Jähn 1978 und Ulf Merbold 1983.

Am 30. Oktober 1985 flog er mit der US-Raumfähre Challenger in den Weltraum. Sieben Tage und 44 Minuten umkreiste er die Erde, um in der Schwerelosigkeit Experimente durchzuführen. Insgesamt 75 Versuche hatte Messerschmid im Rahmen der D1-Mission zu betreuen. Es war der erste Spacelab-Flug überhaupt, der von Deutschland finanziert wurde. Mit an Bord war deshalb auch der Berliner Reinhard Furrer – weil der aber beim Start zwei Meter unter Messerschmid saß, gilt er »nur« als vierter Deutscher im All.

Für einen Raumflug beworben hatte sich Messerschmid bereits 1977, als die Europäische Raumfahrt-Agentur ESA per Zeitungsanzeige Astronauten suchte. 2000 Wissenschaftler haben sich daraufhin gemeldet. Messerschmid schaffte es unter den 700 Deutschen unter die letzten fünf. Letztendlich bekam aber Merbold den Vorzug. Erst im zweiten Anlauf klappte es für Messerschmid.

Langer Weg bis ins All: Ernst Messerschmid

Dabei hatte es zu Beginn so gar nicht nach Weltraumabenteuer ausgesehen für den Reutlinger Bub. Der hatte nach der Schule nämlich zunächst ganz bodenständig eine Klempnerlehre im elterlichen Betrieb gemacht. Erst auf dem zweiten Bildungsweg ging's zum Abitur und schließlich zum Physikstudium nach Tübingen. Später forschte Messerschmid am CERN – dem europäischen Kernforschungszentrum in Genf – und entwickelte den Teilchenbeschleuniger mit. 1976 promovierte er und landete schließlich bei der Deutschen Forschungs- und Versuchsanstalt für Luft- und Raumfahrttechnik.

1986 gab Messerschmid seinen Dienst im deutschen Astronautenkader auf, lehrte als Professor Luft- und Raumfahrttechnik an der Uni Stuttgart und war am Europäischen Astronautenzentrum in Köln unter anderem für die Ausbildung seiner Nachfolger zuständig.

Mit Kraft nach oben

Der Mann hat sich durchgeboxt – bis ganz an die Weltspitze: Firat Arslan. Aus Süßen zog er aus, die Welt zu erobern, und am 24. November 2007 setzte er sich die Krone im Cruisergewicht auf. In Dresden bezwang Arslan den amtierenden Champion Virgil Hill aus den USA einstimmig nach Punkten und holte mit 37 Jahren den WBA-Weltmeistertitel auf die Schwäbische Alb. Über sich selbst sagte er einmal, er sei »nicht der größte Techniker im Boxsport«. Seine Taktik sei deshalb, den Gegner im Ring immer weiter zu bearbeiten und zu zermürben.

Die Titelverteidigung ein halbes Jahr später wurde für Arslan im nur 50 Kilometer von Süßen entfernten Stuttgart zum Heimspiel. Wieder wurde es ein einstimmiger Punktsieg, diesmal gegen den US-Amerikaner Darnell Wilson. Das war der Höhepunkt seiner Karriere. Dann allerdings endete Arslans Erfolgsserie.

Ein technischer K.O. in der zehnten Runde hatte zur Folge, dass er am 27. September 2008 in Hamburg seinen Weltmeistertitel schwer gezeichnet von harten Treffern an Guillermo Jones aus Panama abgeben musste.

Nach einem Fahrradunfall, der ihn fast ein Jahr außer Gefecht setzte, kämpfte sich der Süßener aber noch einmal zurück. Wieder in Stuttgart stieg er am 3. Juli 2010 gegen den Franzosen Steve Herelius in den Ring. Es entwickelte sich eine Hitzeschlacht. In der Halle herrschten bis zu 40 Grad, und Arslan bewies, dass er als Mann von der Alb hart im Nehmen ist. Bis zur zehnten Runde dominierte er seinen Gegner klar, verausgabte sich dabei aber so sehr, dass ihn schließlich ein Kreislaufzusammenbruch niederstreckte. Vier Mal boxte er danach noch um den Weltmeistertitel, musste aber jeweils eine Niederlage einstecken. Und auch wenn er noch einige Achtungserfolge feierte, scheint es doch, als ob er den Zenit seiner Karriere überschritten hat.

Erst mit 18 Jahren hat der Sohn eines Ölringer-Champions und Eisenbahners vom Schwarzen Meer und einer Mutter aus gutem Istanbuler Hause mit dem Boxsport angefangen. 1994 wurde er deutscher Staatsbürger. 1997 gab er sein Profidebüt, auch wenn der »Rocky«-Fan die Fäuste schon früher hat fliegen lassen, wie er in seiner Autobiografie »Der Löwe im Ring« erzählt – im Süßener Kindergarten nämlich, wo der Deutsch-Türke wegen seiner mangelnden Sprachkenntnis und seines für die Alb damals äußerst exotischen Vornamens gehänselt wurde. Sein inzwischen astreines Deutsch ist übrigens geprägt von einem deutlich vernehmbaren schwäbischen Akzent.

Noch heute ist Arslan, der am 28. September 1970 in Friedberg geboren wurde und dessen Familie 1971 nach Süßen zog, fest verwurzelt auf der Alb, wo er 2017 Vater von Zwillingen wurde.

ALB-TRADITION

Schräg, laut und bunt

Alles »ganz schön schräg« beim internationalen Guggenmusiktreffen.

Was passiert, wenn rund 800 Musiker in den abenteuerlichsten, kunterbunten und schrillen Kostümen die Innenstadt von Schwäbisch Gmünd erobern? Ganz einfach: jede Menge Stimmung in der ältesten Stauferstadt und noch mehr laute Schrägtonmusik an allen Ecken, in allen Gassen und Lokalen der historischen Altstadt. Das internationale Guggenmusiktreffen trägt deshalb auch den Namen »Festival der schrägen Töne« und begeistert schon seit über 35 Jahren Teilnehmer wie Tausende von Besuchern und Fans. Der Termin des etwas anderen Musikfestivals ist immer der Gleiche, das Wochenende vor Fasnacht, wobei für Familien und Kinder der Samstag interessant ist, der sich gänzlich auf der Gasse abspielt.

Dort setzt sich am späten Vormittag der Umzug mit dem Narrenbaum samt musikalischer Begleitung in Bewegung. Ist der Baum publikumswirksam aufgestellt, beginnt gegen 12 Uhr das Musikspektakel unter

freiem Himmel auf den Bühnen am Oberen Marktplatz und dem Johannisplatz. Ab jetzt gibt es für die fantasievoll gekleideten und aufwendig geschminkten Guggenmusiker aus Deutschland, Liechtenstein, Österreich, Großbritannien und der Schweiz kein Halten mehr. Lautstark blasen, tuten, tröten und trommeln sie, was ihre Instrumente, Hände und Lungen hergeben. Ob die Töne der zu erkennenden Melodien da so ganz genau zusammenpassen, ist in diesem Fall unwichtig. Was zählt, sind der Rhythmus, die Stimmung und die gute Laune, die sie mit ihren Darbietungen übertragen.

Die Guggen zelcbrieren mit jedem Laut, den sie ihren Blas- und Schlaginstrumenten entlocken, die Kunst der schrägen Musik und leben mitreißend den gemeinsamen Spaß am Musizieren. Mit den Monsterkonzerten endet das Spektakel am Abend. Das größte internationale Treffen von Guggenmusikern macht Schwäbisch Gmünd zum Mekka der Guggenmusik.

Das schönste Heimatfest seit 1723

Das Traditionsfest zu Ehren der Schäferzunft sorgt alle zwei Jahre für Schäferlaufstimmung in der Grafenstadt Bad Urach. Längst ist aus dem einstigen Zunftfest das größte Volksfest der Region geworden. Ein Fest der Sinne und Bräuche, der Trachten, Traditionen, des Tanzes und Schauspiels.

Dreht man die Zeitschraube bis ins Jahr 1723 zurück, trifft man auf eine Anordnung des Herzogs Eberhard Ludwig. Der Herzog wollte den Schäfern auf der Alb die weite Reise zum Markgröninger Schäfertag ersparen und gründete mit seinem Erlass, in dem er erlaubte, einen Schäferlauf abzuhalten, den Uracher Schäfertag samt Schäferlauf. Einst wurden beim Schäfertag alle Angelegenheiten rund um die Schäferei beim Schäfergericht behandelt. Wenn alles erledigt war, folgte der Abschluss mit dem Schäferlauf.

Dieser mit Preisen belegte Wettlauf der ledigen Schäfer und Schäfertöchter über ein frisch abgeerntetes Stoppelfeld sorgt seit jeher für Spaß und findet auch nach der Auflösung der Schäferzunft 1828 noch in seiner traditionellen Form statt. Ergänzt wird das Spektakel durch das Festspiel und den Schäferreigen.

Das um 1800 angesiedelte Festspiel »D Schäferlies«, ein Volksstück in vier Aufzügen, welches seit 1923 fester Bestandteil des Festes ist, beschäftigt sich inhaltlich mit dem Konflikt zwischen Ackerfurche und Schäferweide, wo auch die Liebe nicht zu kurz kommt. Seit 1927 tanzen zu Ehren des neu gekrönten Schäferkönigspaars zudem 16 Paare rund 15 Minuten nach der Melodie der »Halltaler Polka«. Der Schäferlauf findet immer im Juli in den ungeraden Jahren statt, der Haupttag ist der Sonntag mit einem Festumzug.

Eine besondere Wallfahrt hoch zu Ross

Der heilige Silvester, einst Bischof von Rom und am 31. Dezember 335 verstorben, ist der Patron für ein gutes neues Jahr. Zudem steht er als Schutzheiliger für eine gute Futterernte und für Haustiere ein.

Auch die Bauern auf der Ostalb in der Gemeinde Westhausen flehten den Heiligen an, als zu Beginn des Dreißigjährigen Krieges die Lungenfäule des Viehs die Bauern in größte Not stürzte. Sie gelobten, sollte es dem Heiligen gelingen, sie von der Heimsuchung der Lungenfäule zu befreien, ihm zu Ehren eine Kapelle zu errichten. Wie durch ein Wunder erfuhren sie tatsächlich Hilfe und bauten außerhalb des Ortes eine Wallfahrtskapelle, die Silvesterkapelle. Die erste Kapelle erwies sich mit der Zeit als zu klein und wurde 1685 abgerissen. Die jetzige Kapelle mit dem prachtvollen frühbarocken Hochaltar mit der Statue des Pferde- und Viehpatrons St. Silvester wurde 1729 geweiht.

Bereits 1626 etablierte sich der Brauch, am Namenstag des Heiligen, dem 31. Dezember, zum Kirchlein zu reiten und Gott mit einem Fruchtopfer – Getreide, das an die Armen verteilt wurde – zu danken. Jene Bittwallfahrten waren vor allem in Notzeiten recht beliebt, brachen aber zu Beginn des 19. Jahrhunderts ab. Fortan kamen die Pilger nur noch einzeln, zu Fuß oder mit dem Pferd und auch über das ganze Jahr verteilt. Erst Ende der 1960er-Jahre erfuhr die christliche Reiterprozession neuen Schwung, der bis heute anhält und Jahr für Jahr zum Jahreswechsel rund 250 Reiter und Tausende von Gästen anzieht.

Der Pfarrer übrigens nimmt traditionell reitend an der Prozession teil. Die Prozession, die zu den ältesten im Land zählt, beginnt um 11 Uhr mit einer Pilgermesse in der Silvesterkapelle und endet, nachdem die Silvesterkapelle drei Mal passiert wurde, mit dem Segen auf dem Rathausplatz.

Die schwäbisch-alemannische Fasnet und »da Bolanes«

Zig Narrenzünfte sind das ganze Jahr über im Land aktiv. Tausende Narren pflegen und erhalten durch ihren Einsatz das Brauchtum und Kulturgut der schwäbisch-alemannischen Fasnacht und zeigen sich vor allem zwischen dem 6. Januar und Aschermittwoch auf den Straßen und Gassen. Der Blick geht auf die Alb, genauer in die Landschaft Neckar-Alb, eine von acht Fasnachtslandschaften der Vereinigung Schwäbisch-Alemannischer Narrenzünfte. Und dort wartet – stellvertretend für alle Narren der Alb in der Narrenzunft Schömberg – im Zollernalbkreis Jahr für Jahr ein wahres Volkstanzspektakel auf die Zuschauer: die Polonaise, »da Bolanes«. Da tanzen, ganz egal bei welchem Wetter, bis zu 800 Fransenkleidle und Fuchswadel auf dem Schömberger Marktplatz die Polonaise auf immer die gleiche Musik, den Schömberger Narrenmarsch, der in dieser Zeit rund 30 Mal wiederholt wird.

Rund eine Stunde dauert das kunterbunte Geschehen, das auf den ersten Blick einem Chaos ähnelt. Von oben betrachtet zeigt sich allerdings eine Ordnung im Gewusel. Zwei taktgebende Husaren haben während der Polonaise ordentlich damit zu tun, die tanzende, »juckende« Schar auf Kurs zu halten. Der Ablauf ist dabei immer der gleiche. Los geht es in Viererreihen, aus denen sich im Verlauf Zweierreihen bilden. Zuletzt sind die Narren einzeln in einer Reihe unterwegs. Das Spektakel endet mit einer großen Schnecke. Spielt die Narrenkapelle den Walzer, ist alles vorbei.

Die Schömberger Fasnet ist sehr alt, es liegt als Nachweis ein Dokument aus dem Jahr 1796 vor. Das älteste noch erhaltene Narrenkleid der Narrenfigur Harzer trägt auf dem Rücken die Jahreszahl 1812. Die Narrenzunft selbst gründete sich 1922. Die Polonaise findet während der Fasnacht drei Mal statt, immer am Fasnachtssonntag, Montag und Dienstag. Dass die Fasnacht mehr als Party ist und die Narren ihre Aufgabe sehr ernst nehmen, zeigt überdies das Schömberger Narrenmuseum in der Alten Schule, welches übrigens das einzige Museum im Städtle ist. Dort erfährt man auch, wie mühsam es ist, ein Häs anzufertigen, und warum diese Narrenkleider mitsamt Maske so wertvoll sind.

Übrigens wurde die schwäbisch-alemannische Fasnacht im Jahr 2014 als Immaterielles Kulturerbe ins bundesweite Verzeichnis aufgenommen und ist ein Schatz unseres Landes.

Narrenmuseum Schömberg, Alte Schule (2. OG), Schulgasse 13, 72355 Schömberg, www.nz-schoemberg.de

In Gönningen blüht uns was

Rund 45 000 Tulpen, 40 000 Zwiebeln, 150 Tulpenarten, die jährliche Besucherzahl beträgt 5000! Wer dieses bunte Frühlingsspektakel erleben möchte, welches seit dem Jahr 2005 wieder gepflegt wird, sollte sich aufmachen nach Gönningen, einem Stadtteil von Reutlingen. Kaum zieht der Frühling auf der rauen Alb ein, erblühen dort ab Mitte April auf dem Friedhof, in den Vorgärten und auf nahezu jedem freien Fleckchen Erde Tulpen. Ein kunterbuntes Blumenmeer legt sich über die einstige Samenhändlergemeinde und zieht die Besucher in ihren Bann. Ein Blick in die Historie verrät, dass Samen und Blumenzwiebeln in Gönningen schon seit Mitte des 19. Jahrhunderts für Lohn und Brot sorgten.

Mehr Tulpen als Einwohner in Gönningen

Die halbe Einwohnerschaft verkaufte durch Hausierhandel Saatgut und Stecklinge in Europa und bis nach Amerika. Dass man sich da zu Hause nicht lumpen lassen konnte, war klar. Ein wahrer Wettstreit um die schönsten Gärten und Gräber setzte ein. Das sprach sich herum, und schon bald eilten die ersten Wochenendausflügler und auch Königin Charlotte ins kleine Dorf Gönningen, um sich selbst ein Bild vom Blühwunder am Fuße der Schwäbischen Alb zu machen.

Ohne den Samenhandel gäbe es die schöne und wiederbelebte Tradition der Gönninger Tulpenblüte nicht. Das Samenhandelsmuseum im Rathaus widmet sich den einstigen Händleraktivitäten, die weit über die Schwäbische Alb hinaus reichten, und lockt mit Dokumenten und Zeugnissen aber auch mit einer rekonstruierten Samenhändlerpackstube. Die Tulpen blühen je nach Tulpenklasse und Witterung von Anfang April bis in den Juni hinein.

Samenhandelsmuseum Gönningen, Stöfflerplatz 2, 72770 Reutlingen, www.reutlingen.de, www.tulpenbluete.de

So ein Theater!

Vorhang auf: Es ist noch keine 40 Jahre alt, liegt nach eigenen Angaben über dem Neckartal und hinter den sieben Bergen mitten im Dorf unter Linden. Genauer gesagt, in der Dorfgaststätte Linde mit landwirtschaftlichen Nebengebäuden. Wo das etwas andere, aber durchweg erfolgreiche wie angesehene und mehrfach ausgezeichnete schwäbische Theater Lindenhof spielt, hier in der Gemeinde Melchingen auf der Albhochfläche nahe Burladingen. Doch nicht nur hier. Die Theaterleute oder wie sie liebevoll genannt werden, die Lindenhöfler, kommen ihren Zuschauern an 150 Abenden pro Jahr sogar entgegen und steuern regelmäßig ihre Partnerstädte von A wie Aalen bis S wie Stetten am kalten Markt an.

Bei ihren Gastspielen vergessen sie auch die Landeshauptstadt Stuttgart nicht. Ein wenig verdrehte Welt. Sie reisen selbstbewusst mit ihrem Spiel aus der kargen Provinz, einem Dorf mit nicht einmal 1000 Einwohnern, ins vermeintlich kulturell gesättigte Umland, in weit größere Gemeinden und ansehnliche Städte und sind damit mehr als erfolgreich. Die Zuschauer dagegen reisen in die Provinz auf die Albhochfläche, schätzen den Dialekt, die Herkunft der Akteure und die herausragenden Aufführungen, vor allem aber den Pioniergeist der Theatermacher, ihren Einsatz, ihre gespielten Visionen. Das Theater Lindenhof ist nicht nur ein Regionaltheater, das jährlich mehr Aufführungen spielt, als das Jahr Tage hat. Es ist Deutschlands einziges Regionaltheater, das auf 736 Metern über dem Meer liegt. Damit erlangen die Theaterleute ergänzend den Status von Schwabens höchster Bühne. Doch worin genau liegt der Erfolg? Vielleicht im gelebten Traum der Theatermacher, der Gründer, die sich 1981 mit dem Kauf der Dorfgaststätte und jeder Menge Ideen und Engagement ihre Wunschvorstellung vom Theatermachen erfüllten? Oder in der Themenauswahl, die nicht abstrakt wirkt, sondern aus dem vollen Leben gegriffen scheint? Am besten wird es sein, sich wie die bis zu 50 000 Zuschauer jährlich selbst einen Eindruck zu verschaffen, in Melchingen oder drum herum.

Zerbrechliche Unikate

Es sind Zigtausende von kleinen Kunstwerken, die seit über 15 Jahren Jahr für Jahr den Schechinger Brunnen zum größten und schönsten Osterbrunnen in der Region aufwerten. Das gigantische Eierkunstwerk in der 2300-Seelen-Gemeinde auf der Ostalb beherbergt pro Saison über 11 000 kunstvoll und von Hand gestaltete echte Eier, die die Eiercrew zuvor mit Lungenkraft ausgepustet und in mehreren Arbeitsschritten grundiert und lackiert sowie auf ein Holzstäbchen samt aufgeklebter Perle fixiert hat. Die detailgetreuen, so mühsam wie kunstvoll aufgetragenen Motive benötigen eine ruhige Hand und Erfahrung im Umgang mit feinen Pinseln.

An Themen spiegelt sich das Geschehen der Welt, aus Deutschland, dem Ländle und der Schwäbischen Alb wider. Kirchliche Würdenträger finden ebenso ihr Ei wie Olympiasieger und Berühmtheiten. Österliche Szenen wechseln sich mit Comics und Vereinslogos ab. Hinzu kommen Motive bekannter Maler, Blumen, Tiere, Muster, Ornamente und Sehenswürdigkeiten der Alb. Der Kreativität der knapp 20 Malerinnen und Maler sind nahezu keine Grenzen gesetzt.

Bis zu 1500 Malstunden verbringen sie pro Jahr, denn kunstvoller Eiernachschub in Höhe von bis zu 500 Eiern ist trotz sorgfältiger Ar-

Über 11 000 bemalte Eier verzücken die Gäste.

chivierung aufgrund von Verschleiß, Wetterkapriolen und Schwund jedes Jahr aufs Neue nötig. Bereits drei Wochen vor der Eröffnung der österlichen Freiluftkunst geht es mit vereinten Kräften an den Aufbau. Der gusseiserne Dorfbrunnen von anno 1865 bekommt lange Bögen verpasst, welche zunächst mit Grünschnitt umwickelt und anschließend nach einem zuvor ausgetüftelten Plan mit farblich sortierten Eiern besteckt werden müssen. Die fertige Präsentation ist dann drei Wochen lang zu bewundern.

Ob Schechingen einen eigenen Hühnerhof betreibt, der für den exorbitanten Eiernachschub sorgt, ist nicht überliefert. Wohl aber, was aus den ganzen Eigelben und Eiweißen wird. Eierlikör, Spätzle und jede Menge frisch gebackener Kuchen für die Besucher. Der Erlös aus dem Kuchenverkauf und dem ehrenamtlichen Eiergemeinschaftswerk kommt einem Gemeinschaftsprojekt zugute.

Auf de schwäbsche Eisebahne

» Trulla trulla trullala, trulla trulla trullala« – die wohl meistbesungene Bahnverbindung Deutschlands führt mitten über die Alb: die Nord-, Ost- und Südbahn von Heilbronn über Stuttgart und Ulm nach Friedrichshafen am Bodensee. Besser bekannt ist die erste durchgehende württembergische Zugverbindung aber eher als »Schwäbsche Eisebahne«. In einem Volkslied besungen wurde sie schon bald

Alb-Tradition

nach der Eröffnung 1850. Doch besonders nett ist der Text – von dem es unzählige Varianten gibt – nicht zu den schwäbischen Bauern, für die die Eisenbahn natürlich eine revolutionär neue Sache war.

Die Geschichte ist schnell erzählt: Ein Bauer bindet seinen Geißbock vor der Abfahrt hinten an den Eisenbahnwagen – aus schwäbischer Sparsamkeit, weil er kein Billett für das Tier lösen will, oder eben so, wie er es vom Ochsenkarren her gewohnt war. Am nächsten Haltepunkt jedenfalls hängt am Strick nur noch der Kopf des Geißbocks, den das Bäuerle dann – nicht wissend, wie ihm oder dem Tier geschehen war – zornig dem Schaffner nachwirft.

Mit der geografischen Wahrheit haben es die Liederdichter – die Melodie stammt von einem Basler Soldatenlied – allerdings nicht so genau genommen: Dem Reim zuliebe fährt die Bahn nämlich die Strecke »Schtuegert, Ulm und Biberach, Mekkebeure, Durlesbach« – dabei liegt Meckenbeuren tatsächlich eigentlich hinter Durlesbach.

Dort allerdings wurde dem berühmten Volkslied sogar ein Denkmal gesetzt: Auf einem Abstellgleis des ehemaligen Bahnhofs Durlesbach steht eine Dampflok samt zwei Waggons, an die ein Bauer gerade einen Geißbock bindet, während er vom »Kondukteur« und seinem »Weible« beobachtet wird. Geschaffen hat die Bronzeskulptur der Bildhauer René Auer aus Bad Wiessee. Und auch in Meckenbeuren steht ein Denkmal – ein Bäuerle, das einen Ziegenbock bei den Hörnern packt – und das an die »Schwäbsche Eisebahne« erinnert.

Und jetzt noch einmal für alle:

Auf de schwäbsche Eisebahne
gibt's gar viele Haltstatione
Schtuegert, Ulm und Biberach,
Meckebeure, Durlesbach
Trulla trulla trullala,
trulla trulla trullala.

Auf de schwäbsche Eisebahne
Wollt emol a Bäuerle fahre
Geht an Schalter, lupft de Huet:
»Oi Billetle, send so guat!«
Trulla trulla trullala,
trulla trulla trullala.

KRIEG UND FRIEDEN

Der Katastrophenberg und der Engel der Lüfte

Eigentlich ist der 799,7 Meter hohe Boßler ein ganz normaler Berg auf der Schwäbischen Alb und liegt am Albtrauf auf der Gemarkung der Gemeinde Gruibingen. Er kann bei einer Wanderung mitsamt Einkehr im Boßlerhaus erkundet werden und belohnt den schweißtreibenden Anstieg mit einer phänomenalen Aussicht.

Vielen ist der Boßler aber auch durch die Vielzahl der Flugzeugunglücke mit tödlichem Ausgang ein Begriff. Nicht zuletzt erinnern ein Gedenkstein und das Boßlerkreuz auf dem Gipfel an die Opfer. Schuld waren an den tragischen Flugunfällen meist schlechte Sicht und/oder eine fehlerhafte Wahrnehmung der tatsächlichen Flughöhe oder der Topografie. So auch beim jüngsten Unglück, als 2005 ein Rettungshubschrauber auf einem Einsatzflug bei bester Sicht am Boßler zerschellte und alle vier Insassen ums Leben kamen.

Die tragische Unglücksserie begann schon in den Kriegsjahren 1940 und 1945 und ging 1958 und 1959 mit zwei US-Militärjets sowie einem Bundeswehrflugzeug weiter. 1965 zerschellten innerhalb

Dieser Gedenkstein am Boßler erinnert an den Rettungshubschrauberabsturz.

weniger Tage zunächst ein US-Hubschrauber und anschließend eine Piper PA 22 am Berg. Nur ein Jahr später passierte das Unglück einem Bundeswehr-Düsenjäger, gefolgt 1979 von einer Cessna. Ein trauriger Rekord auf der Schwäbischen Alb, der hoffentlich und dank modernster Technik endlich abreißen wird.

Nahe Tuttlingen sorgte im Jahr 1934 ein Flugzeugabsturz für Bestürzung und kostete allen zwölf Insassen das Leben. Es war der erste tödliche Flugunfall der Swissair und zugleich einer der ersten Abstürze einer Passagiermaschine in Europa. An Bord war seinerzeit auch die in Wurmlingen geborene erste Flugbegleiterin Europas, Nelly Diener. Ihren Dienst hatte die Stewardess erst einige Monate zuvor angetreten. Sie verwöhnte ihre Gäste mit selbst zubereiteten und mitgebrachten Speisen und Getränken und war auch sonst eine gefragte Person an Bord, etwa wenn die Passagiere an Flugangst oder Langeweile litten. Fräulein Nelly Diener, auch bekannt als Engel der Lüfte, erlebte nur 79 Flüge.

Der Mössinger Generalstreik

Die Vorgeschichte dieses mutigen, nicht ungefährlichen und außerordentlichen Widerstandsaktes ist rasch erzählt: Die Mössinger Bürger waren mit den Jahren durch die vorherrschende Realteilung bettelarm geworden. Ihre Äcker und Felder schrumpften mehr und mehr. Die Not im Arbeiterdorf war groß, es reichte kaum noch, um mit der Familie über die Runden zu kommen. Sie wanderten infolgedessen aus, verdienten sich ihren Lebensunterhalt als Wander- oder Saisonarbeiter oder gingen tagsüber in Anstellung und schufteten nachts in ihrer Landwirtschaft als »Mondscheinbauern«. Die Weltwirtschaftskrise ab 1929 mit hoher Arbeitslosigkeit gab den Mössingern den Rest. Sie engagierten sich in Arbeitervereinen und solidarisierten sich. Im 4000-Seelenort brachte es die KPD zur vorherrschenden Partei. 1933 wurde Adolf Hitler zum Reichskanzler ernannt. Propaganda, Terror und Gewalt nahmen die Vorherrschaft ein, das entging auch den Mössinger Bürgern nicht. Sie fürchteten um ihre Errungenschaften, ihr Vereins- und Kulturleben und beschlossen spontan, einen Tag nach Hitlers Machtergreifung gegen ihn aufzumarschieren, um damit ihren Unmut zu zeigen.

Die Arbeiterparteien vor Ort zogen an einem Strick, und rasch waren Hunderte Flugblätter mit dem Aufruf zum »Massenstreik! Hitler Reichskanzler« verteilt.

Am 31. Januar 1933 trafen sich um die Mittagszeit zunächst 100 Streikwillige vor der Turnhalle. Der Zug der Protestierenden wuchs von Unternehmen zu Unternehmen an. Bald waren es 600, dann 800 streikende Personen. Manche sprechen sogar von 1000, was eine beachtliche Zahl für den kleinen Ort bedeuten würde. Alles ging so lange gut, bis der Bürgermeister von Mössingen auswärtige Polizeikräfte anforderte, um dem Protest ein Ende zu bereiten.

Bis zu 1000 Menschen gingen im Januar 1933 auf die Straße.

So standen alsbald 40 Mann der Reutlinger Schutzpolizei mit Knüppeln und Pistolen den mit roten Fahnen ausgerüsteten Streikenden gegenüber. Letztere nahmen über die aufgeweichten Felder Reißaus. Der Streikzug löste sich auf. Die Aktion jedoch blieb nicht folgenlos. Gegen 98 Streikteilnehmer wurde Anklage erhoben. Bei 92 lautete diese auf »erschwerten Landfriedensbruch«. Bei sechs auf »Vorbereitung zum Hochverrat in Tateinheit mit erschwertem Landfriedensbruch«. Das Ergebnis: 80 verurteilte Personen, darunter drei Frauen. Die Haftstrafen bewegten sich zwischen drei Monaten und zweieinhalb Jahren.

Die Mössinger Aktion ist einzigartig. Nur dort traten die Arbeiterparteien geschlossen auf und ermöglichten das Unmögliche. Erst in den 1970er- und 1980er-Jahren rückte der schon fast in Vergessenheit geratene Mössinger Generalstreik wieder in den Fokus. Heute erinnert eine Gedenktafel bei der Turnhalle an die mutigen Frauen und Männer des 31. Januar 1933, die den Aufstand gegen Hitler und die Nazidiktatur wagten.

Krieg und Frieden

Die ganze Bandbreite des DRK

Das bundesweit erste DRK-Landesmuseum steht in Geislingen an der Steige und wurde just im Jahr 2013 anlässlich der 150-Jahr-Feierlichkeiten des Deutschen Roten Kreuzes eröffnet. Über 7000 Objekte von der Krankentrage über Uniformen und sanitätstechnische Gerätschaften bis hin zu Erste-Hilfe-Unterrichtstafeln haben darin einen Platz gefunden. Sie erzählen von der beeindruckenden Geschichte des Roten Kreuzes im Ländle und machen diese auf ganz besondere Art und Weise interaktiv und für Kinder sogar als Museumsrallye erlebbar. Ergänzend finden die Besucher Informationen zur allgemeinen Geschichte, den Aufgaben und dem Selbstverständnis des Roten Kreuzes.

Auf weiteren rund 150 Quadratmetern Ausstellungsfläche präsentieren sich unter anderem die Themenbereiche Medizinische Gerätschaften, Blutspendedienst, Berg- und Wasserwacht sowie Suchdienst und Hilfsorganisationen in der DDR. Die Anfänge des Museums liegen derweil schon viele Jahrzehnte zurück.

Auf einem Dachboden lagerten einst historische Gerätschaften und Archivalien, die zunächst in einem Zeltmuseum ausgestellt wurden und anschließend als erfolgreiche Wanderausstellung durch die Gegend reisten. Die Geislinger Rotkreuzler tüftelten an der Idee eines eigenen Museums. Erste Versuche scheiterten. Mit dem »Kellermuseum« starteten sie 1987 eine erste feste Ausstellung im Untergeschoss des neu erbauten Gemeinschaftshauses an der Eyb. 2013 eröffnete im heutigen DRK-Gemeinschaftshaus auf rund 600 Quadratmetern Fläche das erste Landesmuseum.

Die Geislinger Rotkreuzler zählen derweil schon seit Langem zu den Pionieren. Ihre Sanitätskolonne wurde im Jahr 1888 gegründet und engagiert sich seitdem tatkräftig in und um Geislingen im sozialen Bereich, der humanitären Hilfe sowie dem Sanitätsdienst und Katastrophenschutz.

Rotkreuz-Landesmuseum Baden-Württemberg, Heidenheimer Str. 72, 73312 Geislingen an der Steige, www.rotkreuz-landesmuseum.de

Barbarisches Geschehen

Romantisch eingebettet in die Landschaft der Schwäbischen Alb bei Gomadingen liegen Schloss Grafeneck, die 1990 errichtete Gedenkstätte Grafeneck sowie in Ergänzung das 2005 eröffnete Dokumentationszentrum. Einst flanierten hier Herzöge und Könige in der herausgeputzten Anlage. Doch im Oktober 1939 beschlagnahmte der NS-Staat das einstige Jagdschloss der Herzöge von Württemberg und spätere Behindertenheim der Samariterstiftung für »Zwecke des Reichs«. Es war der Beginn eines der dunkelsten Kapitel in der deutschen Geschichte und der Historie der Schwäbischen Alb.

Der gewählte Standort nahe Münsingen lag für die geplanten Vorhaben der Nationalsozialisten ideal, nämlich abgeschieden und leicht abzuschirmen. Was dort als Aktion »T4« vorgesehen war, unterlag der Geheimhaltung. Fortan nahm das Bauwerk nebst eigens errichteten Nebengebäuden als Vernichtungslager eine tragische Rolle im Naziregime ein. Grafeneck entwickelte sich zur reichsweit ersten Mordanstalt, in der psychisch kranke und geistig behinderte Menschen als Opfer der Euthanasie durch Gas den Tod fanden.

Grafeneck mit schwerer Geschichte blickt endlich in die Zukunft.

Innerhalb nur eines Jahres mussten hier 10 654 Männer, Frauen, Jugendliche und Kinder ihr Leben lassen, da sie im Nationalsozialismus als minderwertig und lebensunwert galten – allesamt deportierte Opfer aus Krankenanstalten und Heimen, vorwiegend aus Baden, Württemberg, Hohenzollern und Bayern.

Diese Verbrechen machen Grafeneck zu dem Ort im nationalsozialistischen Deutschland, an dem die als systematisch und industriell bezeichnete Ermordung ihren Anfang nahm. Zum Gedenken an die Ermordeten und ihre Familien sowie als eindringliche Mahnung dienen heute auf dem Gelände die Gedenkstätte Grafeneck sowie das Dokumentationszentrum. Eine Dauerausstellung dokumentiert die Geschichte der Verbrechen gegen die Menschlichkeit auf der Alb, die in nur einem Jahr unfassbar viele Opfer forderten. Die Tötungsmaschinerie wanderte nach einem Jahr weiter. Ob es die Proteste aus dem Umfeld waren, die für den Wegzug sorgten, ist nicht geklärt.

1947 wurde Grafeneck wieder an die Besitzerin, die Samariterstiftung, zurückgegeben. Den Anbau, in dem die Morde stattfanden, gibt es nicht mehr. Heute ist Grafeneck erneut ein Ort für behinderte und psychisch kranke Männer und Frauen, die hier, umgeben von der Schwäbischen Alb, leben, wohnen und arbeiten. Das unter Denkmalschutz stehende Schloss befindet sich derzeit auf dem Weg zum Kulturgut Grafeneck und, wie es die Besitzer bezeichnen, »zum Schloss mit Zukunft«.

Atomkeller Haigerloch

Hätten Sie in Haigerloch ein Atomforschungszentrum vermutet? Sehen Sie, die Alliierten im Zweiten Weltkrieg auch nicht. Als Berlin 1943 und 1944 zunehmend aus der Luft bombardiert wurde, verzogen sich die Nuklearwissenschaftler um Professor Werner Heisenberg und Carl-Friedrich von Weizsäcker auf die Schwäbische Alb. Das bescherte Haigerloch letztendlich einen der ersten Atomreaktoren in Deutschland, der heute im Atomkeller-Museum unterhalb des Schlosses zu besichtigen ist.

Nachdem Otto Hahn Ende 1938, Anfang 1939 in Berlin die Spaltung des Urankerns entdeckt hatte, arbeitete Deutschland daran, die Kernspaltung als Energiequelle nutzbar zu machen. Relativ schnell war aber auch klar, dass sich daraus auch eine Bombe mit enormer Sprengkraft würde bauen lassen. Doch erst einmal galt es, eine Kettenreaktion in Gang zu bringen. Genau daran tüftelten die Wissenschaftler.

Als die Sowjetarmee auf Berlin vorrückte, entschloss sich die deutsche Führung, das Kaiser-Wilhelm-Institut für Physik nach Hechingen zu verlegen, wo Heisenberg anschließend forschte. Damals waren die führenden Kräfte der deutschen Atomphysik häufig radelnd zwischen Hechingen und dem 15 Kilometer entfernten Haigerloch unterwegs. Das Institut für Chemie ging von Berlin nach Tailfingen. Otto Hahn richtete hier sein Labor in einer ehemaligen Trikotwarenfabrik ein.

Das Ausschlaggebende für die Flucht in den Südwesten war, dass die Region bis dahin von Bombenangriffen noch relativ verschont war. Außerdem wollten die Wissenschaftler auf gar keinen Fall der Roten Armee in die Hände fallen. Dass es ausgerechnet auf die Alb ging, ist wohl Professor Walther Gerlach zu verdanken. Der Reichsforschungsrat aus dem Atomteam hatte in Tübingen Physik studiert und kannte sich in der Gegend aus. Auf den Keller selbst sind die Wissenschaftler dann wohl eher zufällig gestoßen.

Der 20 Meter lange und drei Meter hohe Tunnel wurde um 1900 im Zuge des Baus der Hohenzollernschen Eisenbahn im schmalen Eyachtal in den Fels getrieben. Genutzt wurde er vom Schwanenwirt als Bierkeller, bis er von den Wissenschaftlern für 100 Reichsmark pro Monat angemietet wurde. Fortan gab's dort unten schweres Wasser statt kühles Blondes.

Der Eingang zum Atomkeller-Museum unterhalb der Schlosskirche

In einer Nacht- und Nebelaktion wurde das Berliner Labor evakuiert. Anderthalb Tonnen Uran und ebenso viel schweres Wasser wurden zusammen mit zehn Tonnen Grafit mit dem Lastwagen nach Haigerloch transportiert. Im Frühjahr 1945 begannen hier die Forschungsarbeiten – gegen mögliche Bombenangriffe geschützt durch eine gut 20 bis 30 Meter dicke Felsschicht aus Muschelkalk.

Der Uranreaktor wurde in einem Betonzylinder in eine drei Meter tiefe Grube am Ende des Tunnels eingelassen. Großversuch B8 wurde gestartet. 664 Uranwürfel wurden, umgeben von schwerem Wasser, mit Neutronen beschossen. Ziel war es, eine Kettenreaktion in Gang zu setzen. Das Experiment missglückte – zum Glück. Denn Schutzvorkehrungen für den Fall, dass die Reaktion außer Kontrolle gera-

Krieg und Frieden

ten wäre, hatten die Wissenschaftler keine getroffen. Haigerloch wäre eine »strahlende« Zukunft gewiss gewesen.

Heute weiß man: Der Reaktor hätte etwa anderthalb Mal so groß sein müssen, um eine Kettenreaktion in Gang setzen zu können. Im April 1945 waren die Uranvorräte zu Ende, Nachschub war nicht mehr zu besorgen, die Alliierten rückten vor.

Zuerst erreichten die Franzosen Haigerloch, aber es war am 23. April 1945 die US-Spezialeinheit Alsos, die die unterirdische Atomanlage fand und die Wissenschaftler verhaftete, die zuvor noch die Uranwürfel auf einem Acker neben der Kirche vergraben und das schwere Wasser im Keller einer alten Mühle versteckt hatten. Schon Tags darauf wurde mit der Demontage der Anlage begonnen, die komplett nach Amerika gebracht wurde. Der gesamte Keller sollte im Anschluss gesprengt werden. Dem damaligen Haigerlocher Pfarrer ist es zu verdanken, dass dies nicht geschah. Er führte den US-Befehlshaber in die darüberliegende Schlosskirche und zeigte ihm die Schönheit des barocken Bauwerks, das durch eine Sprengung unwiederbringlich verloren gewesen wäre. Oberst Pash hatte ein Einsehen und beließ es bei kleineren Sprengungen im Keller.

1980 wurde das Atomkeller-Museum eröffnet. Zu sehen ist unter anderem der Nachbau des ersten Atomreaktors, zwei originale Uranwürfel sowie Originalstücke aus Otto Hahns Forschungslabor, wie zum Beispiel sein Experimentiertisch.

Atomkeller-Museum, Pfluggasse 5, 72401 Haigerloch, www.haigerloch.de

Der Hitler-Attentäter aus Hermaringen

Ein Kunstschreiner von der Alb war's, der Adolf Hitler und andere führende Nazis am 8. November 1939 mit einem Bombenattentat aus dem Weg räumen wollte: Georg Elser. Er sah ganz klar, in was für eine Katastrophe Hitler die Welt führen würde, und zündete im Münchner Bürgerbräukeller seine Bombe. Hitler überlebte durch einen Zufall. Der Rest ist Geschichte – die des Zweiten Weltkriegs. Elser wurde daraufhin gefangen genommen und kurz vor Kriegsende am 9. April 1945 im bayerischen Konzentrationslager Dachau per Genickschuss heimlich hingerichtet.

Geboren wurde Johann Georg Elser am 4. Januar 1903 in Hermaringen als uneheliches Kind. Erst ein Jahr nach seiner Geburt heiratete seine Mutter Maria Müller den Königsbronner Landwirt und Holzhändler Ludwig Elser. Georg Elsner hatte fünf jüngere Geschwister und lernte zunächst Dreher in den Königlichen Hüttenwerken Königsbronn. Aus gesundheitlichen Gründen sattelte er 1919 auf Schreiner um. Er arbeitete in Heidenheim, Aalen und Königsbronn, später auch am Bodensee und in der Schweiz. Als Mitglied im Holzarbeiterverband erwachte sein politisches Interesse, 1928 ging er in den Roten Frontkämpferbund, die Kampforganisation der Kommunistischen Partei Deutschlands (KPD).

Beruflich spezialisierte er sich auf hölzerne Uhrengehäuse und reparierte privat auch Uhren – so erwarb er sich sein Wissen, das er später zum Bau des Zeitzünders für die Münchener Bombe nutzte. 1930 wurde er in Konstanz Vater. Mit der Kellnerin Mathilde Niedermann bekam er einen unehelichen Sohn – Manfred. Ohne die beiden kehrte er aber 1932 nach Königsbronn zurück, arbeitete zunächst auf dem elterlichen Hof, danach in einer Tischlerei und ging 1936 schließlich als Gussputzer zur Heidenheimer Firma Waldenmaier, heute Erhard. Die stellte Geschosszünder her. Ende 1938 hatte Elser seinen Bombenplan offensichtlich schon im Kopf. Er nahm heimlich 250 Presspulverstücke mit. Im Frühjahr 1939 klaute er Dynamit aus dem Steinbruch in Königsbronn-Itzelberg und zog nach München in die Türkenstraße, um seinen Anschlag vorzubereiten.

Schon 1933 verweigerte Elser als Nazigegner den Hitlergruß. Er kritisierte die Verschlechterung der Lebensbedingungen und erkannte früh die Kriegsvorbereitungen. Im Gestapo-Verhör bekannte er später, zu dem Ergebnis gekommen zu sein,»dass die Verhältnisse in Deutschland nur durch eine Beseitigung der augenblicklichen Führung geändert werden könnten«.

Im Alleingang wollte er mit dem Attentat den Krieg stoppen, der zwei Monate zuvor mit dem Angriff auf Polen begonnen hatte. Nutzen wollte er Hitlers Rede zum Jahrestag des gescheiterten Putschversuchs von 1923 bei der NSDAP-Versammlung im Bürgerbräukeller. In wochenlanger Kleinarbeit höhlte Elser heimlich bei Nacht die Säule hinter dem Rednerpult aus, um die Bombe darin zu verstecken. Doch weil sein Flieger nach Berlin gestrichen wurde und er den Zug nehmen musste, verkürzte Hitler seinen Auftritt.

13 Minuten bevor die Bombe um 21.20 Uhr explodierte und acht Menschen in den Tod riss, verließ der Führer mit seinem Stab den Bürgerbräukeller.

Elser wollte in die Schweiz flüchten, wurde aber gegen 20.45 Uhr, noch bevor die Bombe hochging, in Konstanz an der Schweizer Grenze geschnappt. Seine Grenzkarte war abgelaufen, er trug ein Rotfrontabzeichen und hatte Teile eines Zünders bei sich. Bei Verhören und unter Folter gestand er das Attentat. Seine Familie wurde festgenommen und saß teils monatelang ein. Die Nazis wollten nicht an einen Einzeltäter glauben und verbreiteten wilde Verschwörungstheorien.

In Königsbronn und in seiner Familie wurde Elser auch nach dem Krieg noch lange Zeit totgeschwiegen. Tief saß die Erinnerung an die Verhöre und die Schikanen nach dem Attentat. Im Dritten Reich wurde Königsbronn auch als »Attentatshausen« beschimpft. Ein Grab gab es nicht, Elsers Leiche wurde im KZ verbrannt. Auch von offizieller Seite wurde er in der Bundesrepublik, im Gegensatz zu anderen Widerstandskämpfern, kaum gewürdigt.

Erst 1972 wurde in Heidenheim-Schnaitheim ein Denkmal im zuvor nach ihm benannten Georg-Elser-Park eingeweiht. Eine veränderte, positivere Sicht auf Elser brachte 1999 die Biografie von Hellmut G. Haasis. Aber noch 2003 gab es Widerstände gegen die Taufe einer Königsbronner Schule auf Elsers Namen. 2004 wurde in seinem 100. Geburtsjahr in Itzelberg ein symbolisches Grab für ihn errichtet. Zu seinem 65. Todestag 2010 wurde am Königsbronner Bahnhof eine Statue eingeweiht, die Elser mit den Dynamitstangen im Gepäck auf den Zug nach München wartend zeigt.

Georg-Elser-Gedenkstätte Königsbronn, Herwartstraße 2, 89551 Königsbronn, www.koenigsbronn.de

Raketenstart in Stetten

Das Weltall – unendliche Weiten ... so weit wollte Lothar Siebner zwar nicht hinaus. Aber er war der erste Mensch, der mit einer bemannten Rakete senkrecht in den Himmel geschossen wurde – und zwar von einer Startrampe auf dem Ochsenkopf bei Stetten am kalten Markt. Am 1. März 1945 war das – und der Flug endete tragisch, der Pilot überlebte seine Pioniertat nicht.

Es war aber auch von vorneherein eine waghalsige Aktion. Nazi-Deutschland war im Begriff, den Krieg zu verlieren, und die Militärs tüftelten an zahlreichen Geheimprojekten, um doch noch die Wende herbeizuführen. Unter anderem arbeiteten sie fieberhaft an der Entwicklung von einfachsten Raketen, mit denen die alliierten Bomberstaffeln vom Himmel geholt werden sollten.

Eine der Entwicklungen war die Bachem Ba 349 Natter. Schon zuvor hatte es Flugversuche mit Raketentriebwerken gegeben, aber die Natter war die erste Rakete, die mit einem Booster-Triebwerk senkrecht in den Himmel geschossen wurde. Sie sollte auf diese Weise eine Höhe von einigen Kilometern erreichen und die vier Startraketen abwerfen, ehe sie im Horizontalflug die feindlichen Geschwader ansteuern und abschießen sollte. Eine Landung der Natter war nicht geplant. Kapsel und Triebwerke sollten – ebenso wie der Pilot – nach dem Einsatz per Fallschirm wieder zur Erde zurückschweben, so zumindest die Idee.

Der Nachbau der Bachem Ba 349 Natter im Deutschen Museum in München

Erfunden hatte die Höllenmaschine Erich Bachem. Der Flugzeugbaumeister und Chef der Bachem-Werke in Waldsee bekam 1942 den als kriegswichtig und streng geheim eingestuften Auftrag. Ziel war ein preisgünstiges Fluggerät aus einfachsten Materialien, das auch von unerfahrenen Piloten gesteuert werden konnte. Heraus kam eine Sperrholz-Rakete.

Am 18. Dezember 1944 sollte die erste Bachem-Natter in den Himmel geschossen werden, verklemmte sich aber in der hölzernen Startrampe, die auf dem Truppenübungsplatz Heuberg aufgestellt war, und brannte aus, ohne auch nur einen Millimeter vom Boden abgehoben zu sein. Der zweite Start mit der Mustermaschine 16 (M16) klappte aber, und mit der M22 wurde im Februar 1945 eine Puppe gen Himmel befördert, bei der sogar die Fallschirmlandung funktionierte. Die SS wollte eine einsatzfähige Waffe und machte – trotz aller Bedenken der Konstrukteure – Druck, einen bemannten Flug durchzuführen.

So stieg der 22-jährige Ausnahmepilot Lothar Sieber aus Dresden am 1. März 1945 in die Kapsel der M23, und das Schicksal nahm seinen Lauf. »Ich habe im Laufe des Krieges schon riskantere Sachen gemacht, und ich glaube fest an einen Erfolg«, soll Sieber dem Ingenieur Erich Bachem am Vorabend gesagt haben – ein Testament fertigte er trotzdem auf die Schnelle noch an. Die Triebwerke wurden gezündet, die Rakete erhob sich aus einer gewaltigen Rauchwolke und schoss heulend hinauf in die Wolken. Allerdings lösten sich nach einigen Hundert Metern nur drei der vier Startraketen. Sieber erkannte wohl die Probleme, öffnete die Cockpitabdeckung, die zu Boden stürzte, und wollte aussteigen – was ihm der Überlieferung nach von den Befehlshabern aber untersagt wurde. Sieber versuchte dann, die Rakete zu stabilisieren, verlor in der Wolkendecke aber offensichtlich die Orientierung und schoss senkrecht nach unten. Einige Kilometer vom Startort entfernt schlug er mit einem kilometerweit hörbaren Knall im Boden ein. Der ganze Flug dauerte nur knapp eine Minute. Etwa 800 km/h schnell soll Sieber gewesen sein. Nach diesem Himmelfahrtskommando wurde auf weitere bemannte Starts verzichtet, und als die Alliierten kamen, fielen ihnen noch vier komplett montierte Nattern in die Hände.

Erich Bachem flüchtete nach Argentinien und baute nach seiner Rückkehr nach Deutschland deutlich gemütlichere Gefährte: Bekannt wurde er in den 1950er-Jahren mit leichten, günstigen Wohnwagen unter dem Namen »Eriba«. Am Ochsenkopf, wo die Startrampe stand, ist heute auf dem Truppenübungsplatz Heuberg noch die betonierte Bodenplatte samt einem Denkmal zu sehen. Die sterblichen Überreste von Sieber sind auf dem Friedhof von Stetten am kalten Markt beigesetzt.

Durch Ausgrabungen 1998/99 an der Absturzstelle sollte Licht ins Dunkel der damaligen Vorkommnisse gebracht werden. Unter anderem die Überreste der Schmidding-Startrakete, die dabei gefunden wurden, sind nun in der militärgeschichtlichen Sammlung Stetten am kalten Markt auf dem Lagergelände Heuberg zu besichtigen. Dort stehen auch ein Nachbau von Siebers Bachem-Natter und eine Rekonstruktion der Originalabschussrampe.

Militärgeschichtliche Sammlung Stetten, Hardtstraße 47, 72510 Stetten am kalten Markt, www.mgs-stetten.de, Führungen auf Anfrage unter Telefon (0 75 73) 9 58 94 15

Truppenübungsplatz Münsingen und Biosphärengebiet

Der ehemalige Truppenübungsplatz Münsingen bietet eine einmalige Landschaft auf der Schwäbischen Alb und bildet den Kern des Biosphärengebiets. Weil das Gebiet jahrzehntelang vom Militär unter Beschlag genommen wurde, blieben das Münsinger Hardt und seine Region weitgehend verschont von Ortschaften, Straßen, Gewerbe, landwirtschaftlicher Nutzung oder gar Flurbereinigung. Die Natur bewahrte ein ursprüngliches Gesicht wie im 19. Jahrhundert – großflächig und unzerteilt von der Zivilisation. Nur von Schafen wurde die parkartige Weidelandschaft beweidet.

Schon 1895 wurde das nur schwach besiedelte Gebiet zum Übungsplatz für das Königlich Württembergische Armeekorps, das hier unter anderem seine neuentwickelten Großgeschütze testete. Jedes Jahr schlugen rund 30 000 Soldaten hier ihr Lager auf.

1937 wurde der Truppenübungsplatz von knapp 3700 auf 6700 Hektar vergrößert. Dafür wurde das komplette Dorf Gruorn mit seinen 665 Bewohnern am Westrand des Areals umgesiedelt. Nach dem Zweiten Weltkrieg kam das Gebiet unter französische Verwaltung. Neben den französischen Truppen und Nato-Einheiten kam 1960 die Bundeswehr dazu. Nach Ende des Kalten Krieges zogen die Franzosen 1992 wieder aus. Die Bundeswehr verabschiedete sich 2005 im Rahmen einer Strukturreform. Nach 110 Jahren endete schließlich die militärische Nutzung.

Der ehemalige Truppenübungsplatz ist heute Lebensraum für etliche bedrohte und andernorts durch Zivilisationseinflüsse längst verschwundene Tier- und Pflanzenarten. Um das Gebiet touristisch zu nutzen und für die Allgemeinheit zugänglich zu machen, wurde für Wanderer, Radfahrer oder Inlineskater ein 45 Kilometer langes, meist asphaltiertes und markiertes Wegenetz errichtet und 2006 freigegeben. So schön die Natur auch aussehen mag und so sehr die Wildnis lockt – ein Verlassen der Wege ist streng verboten und äußerst gefährlich. Von den unzähligen Schießübungen lauern überall in der Landschaft Munitions- und Sprengstoffreste oder Blindgänger – schätzungsweise noch rund eine halbe Million. Jahr für Jahr werden Mörser, Granaten und andere Geschosse gefunden und sicherheitshalber gesprengt. Einige der entschärften Funde sind im Museum Altes Lager zu sehen.

Als Station bei einer Rundtour bietet sich das 1939 geräumte Bauerndorf Gruorn, von dem noch die mittelalterliche Stephanuskirche steht und das einstige Schulhaus, das heute bewirtschaftet ist und unter anderem mit Kaffee, Kuchen und Eis lockt.

Insgesamt vier Aussichtstürme bieten den Besuchern zu bestimmten Zeiten einen Überblick über das Biosphärengebiet. Die eindrucksvollste Aussicht hat man wohl vom 42 Meter hohen Turm Hursch bei Römerstein-Zainingen. Aus 895 Metern sieht man an klaren Tagen sogar den Stuttgarter Fernsehturm, das Ulmer Münster und in der Ferne bis in die Alpen. Durch das gesamte Gebiet werden auch geführte Rad- oder Bustouren sowie Wanderungen mit einer Länge von 3,5 bis 18 Kilometern angeboten.

Infos zu Öffnungszeiten und Führungen oder einen Wegeplan für eigene Touren im Münsinger Hardt gibt's unter www.muensingen.de
Museum Altes Lager, Verwaltung – Altes Lager OF1, 72525 Münsingen-Auingen, www.albgut.de
Münsinger Bahnhof – Zentrum für Natur, Umwelt und Tourismus, Bahnhofstraße 8, 72525 Münsingen, www.alb-bahn.de

Erst Kasernenstandort, dann Kulturlandschaft

Wenn es zu Zeiten des Wehrdiensts einen Ort gab, an den wirklich keiner wollte, dann war es Stetten am kalten Markt. Oder Stetten am kalten Arsch – wie viele Soldaten zum ungeliebten Kasernenstandort sagten. Der Sage nach soll der Ort seinen Namen bekommen haben, weil einst mitten im Juni eine Geiß auf dem Marktplatz erfroren ist. Sicher eine Mär. Wahr ist jedoch, dass sich in Hochmulden regelmäßig Kaltluftseen bilden, sodass selbst im Sommer Nachtfrost möglich ist. Die Jahresdurchschnittstemperatur liegt bei etwa fünf Grad Celsius.

Die Soldaten, die nach Stetten mussten, bekamen jedenfalls oft den Rat mit auf den Weg: »Warme Unterwäsche nicht vergessen – könnte schattig sein, da oben auf der Alb.« Immer schon galten die Manöverübungen im freien Feld auf der Albhöhe, vor allem im Winter, als berüchtigt hart. Schließlich zählt der große Heuberg mit 1015 Metern zu den höchsten Bergen der Schwäbischen Alb.

Der Truppenübungsplatz samt dem Lager Heuberg wurde bereits 1910 für das 14. Badische (!) Armee-Korps errichtet. Inzwischen ist er aber fest in schwäbischer Hand. Die Bundeswehr zog 1959 ein, 1966 kam die Albkaserne dazu. Die knapp 5000 Einwohner starke Gemeinde Stetten ist heute der größte Bundeswehrstandort im Südwesten. Bis zu 3500 Soldaten waren hier Mitte der 1990er-Jahre stationiert. 20 Jahre später waren es nur noch rund 1600, inzwischen wurde wieder auf gut 3200 aufgestockt. Heute werden in Stetten Soldaten unter anderem auf Auslandseinsätze vorbereitet.

Aus Naturschutzsicht ist der etwa 2500 Hektar große Truppenübungsplatz äußerst interessant. Unberührt von Besiedlung und landwirtschaftlicher Nutzung konnte sich die typische Kulturlandschaft vergangener Jahrhunderte erhalten und ausbreiten. Geprägt ist das Natura-2000-Gebiet von 40 Prozent Wald und 60 Prozent kargen Wiesenflächen mit Wacholderheiden. Panzerwracks und Bunkerreste zieren die Landschaft. Für Zivilisten ist der Zutritt streng verboten, schließlich wird hier scharf geschossen, Berichten zufolge seit 2018 sogar wieder mit Artillerieraketen. Außerdem ist das Gelände nach der jahrhundertelangen militärischen Nutzung übersät mit Munitionsresten. Die Schafe, die hier für die notwendige Landschaftspflege sorgen, leben mitunter also recht gefährlich.

MODERNE ALB

100 Prozent Made in Germany

Das in Burladingen ansässige Textilunternehmen Trigema, gegründet 1919, befindet sich in der dritten Generation und gilt seit 1975 als Deutschlands größter Hersteller von Sport- und Freizeitbekleidung sowie Tag- und Nachtwäsche. Alleiniger Inhaber und Geschäftsführer ist der Diplom-Kaufmann Wolfgang Grupp, der die Geschäftsleitung 1969 von seinem Vater Dr. Franz Grupp übernahm. Die vierte Generation ist bereits im Unternehmen unterwegs.

Wolfgang Grupp ist der Erhalt des Produktionsstandortes Deutschland sowie das Thema Nachhaltigkeit extrem wichtig. Für 1200 Mitarbeiter trägt er die alleinige Verantwortung und setzt sich für seine Visionen mit aller Kraft und zudem recht öffentlichkeitswirksam ein. Er wurde mehrfach ausgezeichnet, unter anderem mit der »besten Management-Idee«, der Stauffermedaille in Gold des Landes Baden-Württemberg und dem Ehrenring der Stadt Burladingen. Es folgten neben weiteren Ehrungen das Bundesverdienstkreuz am Bande und die Ehrenbürgerschaft der Stadt Burladingen. Mit der Story vom Affen, jenem »sprechenden« Schimpansen in weißem Hemd, dunkler Krawatte und Brille, der seit vielen Jahren kurz vor der Tagesschau in einem TV-Spot auftaucht, hat sich Trigema einen hohen Wiedererkennungswert geschaffen.

Trigema stemmt alle Produktionsstufen vom Garn bis zum fertigen Produkt im eigenen Unternehmen und setzt dafür auf eine umweltschonende Herstellung sowie firmeneigene Kraftwerke für die Energieversorgung. Der Verbraucher profitiert von schadstofffreien und hautverträglichen Produkten – seit 2006 bei einer Produktlinie sogar von den wohl ökologischsten Textilien der Welt, die kompostierbar sind und damit rückstandslos abgebaut werden können. In

Wo Nachhaltigkeit großgeschrieben wird: in Burladingen bei Trigema.

45 Testgeschäften, zwei Flagship-Stores sowie dem Onlineshop hat der Kunde die Möglichkeit, sich mit Produkten, gefertigt auf der Schwäbischen Alb, von Kopf bis Fuß einzudecken.

Hemden wie anno dazumal

Beim Anblick der antiken Maschinen in der zum Verkauf stehenden Firma Gota in Albstadt-Tailfingen war Rudolf Loder gleich »schwer verliebt«. Dass diese wieder zum Leben erwachen und den Stoff für die originellen Hemden »Merz beim Schwanen« liefern, die es als neumodische Arbeiterhemden im Stil der 1920er-Jahre bis nach Hollywood schafften, war auch für ihn eine Überraschung. »Merz beim Schwanen« ist die erfrischende Antwort auf die Arbeiterhemden von einst.

Die Geschichte begann beim Albstädter Familienunternehmen »Merz beim Schwanen«, das, als die Geschäfte nicht mehr liefen, den Betrieb einstellte und seine Restbestände von Wäschestücken an einen Händler verkaufte. Auf einem Berliner Flohmarkt entdeckte der Herrenschneider Peter Plotnicki die mitunter vergilbten Stücke aus der Zeit der Jahrhundertwende und verfolgte die Herkunft zurück. Dabei traf er auf Rudolf Loder, der zwischenzeitlich die stillgelegten Wirk- und Strickmaschinen der Firma Gota sein Eigen nannte. Es kam, wie es kommen musste. Die beiden Idealisten bildeten ein Team und brachten unter Mithilfe technisch versierter Schrauber die alten Gerätschaften wieder zum Laufen. Das Ziel: neue, zeitlose, hochwertige Hemdenmodelle nach altem Vorbild – hergestellt wie früher und vor allem auf der Schwäbischen Alb. Fortan zogen alle an einem Strang. Die Inhaber der einstigen Wäschefirma »Merz beim Schwanen« stellten ihren Namen für die neue Produktlinie zur Verfügung. Knopfleisten aus feiner Baumwolle, Knöpfe, Etiketten, Garne und auf alt getrimmte Kartons für die außergewöhnliche Verpackung fanden den Weg nach Albstadt. Neben klassischer Ware wie Unterhemden und wärmende Schlüpfer aus seiner Strickerei stellte Rudolf Loder sein Unternehmen mit der Wirkerei und den Wäscheteilen »Merz beim Schwanen« auf ein zweites Standbein. Sein kleiner, aber ausgefallener Fabrikverkauf im Obergeschoss präsentiert anschaulich das breite Spektrum.

Über der Kasse schwebt derweil das Urhemd. Jenes Knopfleistenhemd, knapp 100 Jahre alt, das auf dem Flohmarkt sein Dasein fristete. Jenes Hemd, das Loders alte Wirkmaschinen noch einmal richtig herausforderte und für Aufsehen bis nach Amerika sorgte. »Albstadt war einmal die Weltstadt der Textilien«, fasst Loder zusammen. Mit seiner Herangehensweise will er die alten Zeiten fortführen. Dass dies zumindest in Nischensegmenten funktioniert, hat die Frohnatur Rudolf Loder schon bewiesen.

Der Drogeriekönig von Ulm

Erwin Müller, 1932 in München geboren und seines Zeichens gelernter Friseur samt Meisterprüfung und dem Händchen fürs Geschäft, gilt als der Drogeriekönig von Ulm. Er besitzt Deutschlands drittgrößte Drogeriekette. Alle seine Läden tragen seinen Namen.

Müllers Laufbahn begann zunächst recht unspektakulär. 1963 eröffnete der Haarkünstler in Ulm seinen ersten Friseursalon. Drei Jahre später sorgte der Figaro allerdings für Schlagzeilen in der Donaustadt. Er wollte auch am für Friseure heiligen Montag frisieren. Der Ausschluss aus der örtlichen Friseurinnung ließ nicht lange auf sich warten. Müller ließ sich nicht beirren, suchte neue Wege, eröffnete und beteiligte sich an Friseursalons, Drogerien und Parfümerien in und um Ulm, informierte sich parallel in den USA über SB-Warenhäuser und Einkaufszentren und stieg als Konzessionär ein. Rückschläge wie ein Brand oder unrentable Geschäfte machten ihm, dem schwäbischen Schaffer, das Leben nicht immer leicht. Er biss sich durch und landete 1973 mit seinem ersten »reinen« Drogeriemarkt Müller in Ulm einen großen Erfolg. Weitere Drogeriemärkte sowie deren konsequenter Ausbau folgten.

Fortan fand man bei Müller auch Handarbeitsutensilien und Schallplatten, später noch Bastelzubehör. 1978 war in der Presse zu lesen, er sei ein vielfacher Umsatzmillionär, die 100 Millionen DM Jahresumsatz wurden überschritten. 1993 eröffnete die 250. Filiale.

Wie sich zeigte, sollte dies erst der Anfang sein. Viele Huldigungen folgten für den tüchtigen Geschäftsmann, unter anderem erhielt Erwin Müller den Gründerpreis des Landes Baden-Württemberg (2006), mehrmals Auszeichnungen als bester Handelspartner, Arbeitgeber der Region und 2016 eine Auszeichnung für sein Lebenswerk.

Erwin Müller beschäftigt rund 34 000 Fachkräfte und bildet aus, blickt auf 825 Filialen, 541 davon in Deutschland, der Rest in der Schweiz, Österreich, Spanien, Slowenien, Ungarn und Kroatien. Seine Sortimentsvielfalt mit knapp 190 000 Artikeln gilt als das größte Drogeriesortiment Deutschlands.

Neben all der Schafferei pflegt Müller auch Hobbys wie das Segelfliegen. So war der erfolgreiche Unternehmer Erwin Müller neben weiteren Auftraggebern für das Projekt »eta«, dem besten und modernsten, größten und leistungsfähigsten Sportsegelflugzeug der Welt mit einer Spannweite von 30,9 Metern, mit an Bord. Der Drogeriekönig von Ulm blickt auf ein beachtliches Lebenswerk zurück, das ein wenig an die schwäbische Ausgabe vom Tellerwäscher zum Millionär erinnert und ganz bescheiden in der bayrischen, elterlichen Wohnung 1953 mit einem ersten Friseursalon begann.

Kuschelige Wolle

Dass es auf der Alb immer einen Kittel kälter ist, ist längst bekannt. Aber ist auch bekannt, dass sich die Wolle der hier weidenden Tiere in modisch wärmenden Kleidungsstücken sowie pfiffig gefärbten Wollknäueln in Pullovern oder Socken verstrickt wiederfindet? Quasi von der Alb für die Alb beziehungsweise für alle, die dieses Engagement weltweit zu schätzen wissen. Zwei mutige Vorreiter widmen sich in ihren Kollektionen auch den heimisch blökenden Zeitgenossen.

Los geht es im Strickereistädtchen Hechingen am Fuße der Burg Hohenzollern beim schwäbischen Garnhersteller »Tutto«. Der Garnhersteller unterstützt regionale Schäfer, indem er unter anderem die geschorene Wolle kauft, weiterverarbeitet sowie bewirbt und zusätzlich die Schäfer durch finanzielle Mittel aus Schafpatenschaften unterstützt. Immerhin beweiden rund 30 000 Schafe das Biosphärengebiet. Da kommt reichlich Wolle zusammen.

Wärmendes von der Alb

Bei der Wollkollektion »Schafpate« verwendet der Familienbetrieb ausschließlich Wolle aus Deutschland, besonders von der Alb. Durch eine verbesserte Wollqualität beim Merinolandschaf, beispielsweise durch den Kauf geeigneter Zuchtböcke für die Schäfer, erhält dieser langfristig mehr Geld für seine verbesserte Wolle. Davon profitieren wiederum der Garnhersteller und all seine strickenden Kunden.

»Tutto« ist in seinen Kollektionen nicht nur nachhaltig, erfrischend bunt und kreativ unterwegs, sondern hält noch einen ganz besonderen Sockenrekord aus dem Jahr 2006: Auf einer 1289,5 Meter langen Leine hingen 12 262 Paar Socken, die mit 24 524 Holzwäscheklammern fixiert waren. Dass diese Leistung im Guinnessbuch der Rekorde landete, war unvermeidlich.

Bei der Naturmode »Manufaktur Flomax« in St. Johann-Gächingen, die 1995 von der Designerin Veronika Kraiser gegründet wurde und durch ausgefallene wie harmonische Kollektionen auffällt, startete im Jahr 2009 ein Vorzeigeprojekt mit Merinowolle von der Alb samt mehreren Kollektionen. Die bestehen aus fünf naturnah melierten Farbtönen und bestechen vor allem durch landschaftstypische Motive wie Disteln, Schnecken oder Schafe. Die Wolle der heimischen Merinolandschafe, die seit 1785 auf der Schwäbischen Alb zu Hause sind, wird dabei schonend und umweltverträglich von Partnerbetrieben verarbeitet. Beste Voraussetzungen für die Weiterverarbeitung durch das Flomax-Team zu wärmenden, modisch zeitlosen Kleidungsstücken für die ganze Familie und kuscheligen Heimtextilien und Accessoires mit Wolle von der Alb.

Sicherheit und Komfort beim Sport

Alpinsport, Langlauf, Trekking, Nordic Walking oder Trail-Running – ohne Stöcke vom Fuße der Alb geht da nicht viel. Weltweit übrigens, im Amateur- wie im Profibereich. Dass Stock nicht gleich Stock ist und die Stöcke für den entsprechenden Einsatzbereich ganz bestimmte Kriterien erfüllen sollten, weiß keiner besser als das äußerst kreative, leidenschaftliche wie mehrfach ausgezeichnete Leki-Team in Kirchheim/Teck.

Entstanden ist die heutige weltbekannte Stockschmiede einst 1948 in Dettingen/Teck im Holzverarbeitungsbetrieb von Karl Lenhardt.

Der fertigte hölzerne Schriftzüge für Bäckereien und Metzgereien. Da Karl Lenhardt auch ein begeisterter Skisportler war und ihn seine damaligen Skistöcke so gar nicht zufrieden stellten, begann er zu tüfteln und stellte zunächst Griffe und Teller her. Erfolgreich, wie sich zeigte. Lenhardt wusste zudem die Vorteile von Aluminium und Composite, einem Verbundwerkstoff, zu nutzen und fertigte sich alsbald seine ersten eigenen Skistöcke. 1970 ging er unter dem Namen Leki, mit dem zwischenzeitlichen Firmensitz in Kirchheim unter Teck, an den Markt. Rasch folgten nach den Alpin- auch Langlauf- und verstellbare Trekkingstöcke. Lenhardt senior widmete sich zudem Stockspitzen und Tellern mit der Dämpfung und überraschte die Sportwelt ständig mit Neuheiten.

1984 übernahm sein jüngster Sohn Klaus die alleinige Geschäftsführung. Wer nun glaubt, der Stock sei erfunden, der täuscht sich. Klaus Lenhardt optimierte die Produkte bis ins kleinste Detail. Dazu zählten unter anderem Maßnahmen zur Entlastung der Handgelenke, Ergosoftgriffe, verstellbare Schlaufen, Federsysteme und das Trigger-System für Alpinstöcke. Leki überraschte mit der ersten Sicherheitsbindung im Skistock und schaffte sich so zur attraktivsten Marke hoch.

Im Jahr 2012 verlor die Leki-Mannschaft ihren Vordenker und Visionär Klaus Lenhardt durch einen tragischen Unfall. Waltraud Lenhardt, die das Unternehmen zusammen mit ihrem Mann leitete, führt das Lebenswerk ihres verstorbenen Gatten fort. Mit den Micro-Sticks – praktische, ultraleichte Faltstöcke – gelingt der Crew ein erneuter Coup. Man darf gespannt sein, mit welchen weiteren Innovationen und Neuheiten aus Kirchheim zu rechnen ist. Stock ist halt nicht gleich Stock.

Das größte unabhängige Heavy-Metal-Label der Welt

Im kleinen, beschaulichen 11 000-Seelen-Ort Donzdorf geben sich die Könige der Schwermetaller die Klinke in die Hand. Grell geschminkte, nietengeschmückte, langhaarige Gesellen in Schwarz treffen auf bodenständige Bäuerle. Weltstars steigen im örtlichen Hotel ab. Im Festsaal des Dorf-Gasthauses schmettert der Gesangsverein Volksweisen, während nebenan Musikjournalisten aus aller Welt wildesten Gitarrenriffs vom neuesten Album lauschen. Hier residiert das weltgrößte unabhängige Heavy-Metal-Label der Welt: Nuclear Blast.

Die Plattenfirma hat oder hatte viele der absoluten Größen der Szene unter Vertrag – Kultbands wie Accept, Anthrax, Doro, Manowar, Gotthard oder Nightwish, die Millionen von Alben verkaufen. Insgesamt sind es mehr als 100 Bands. Das Repertoire reicht von Power über Thrash und Death Metal bis hin zu Black Metal, aber auch Hardrock. Eine explosive Mischung, wie auch schon das Firmenlogo zeigt: Das Symbol für Radioaktivität in Neongrün.

Gegründet wurde das Label 1987 von Markus Staiger. Dessen Herz schlug von klein auf für Heavy Metal. Mit 15 brachte er ein Fan-Magazin heraus. Mit 17 Jahren hatte er – praktisch aus dem Kinderzimmer heraus – einen kleinen Plattenvertrieb am Laufen, den er Misthaufen Distribution nannte. Daraus wurde in der Zwischenzeit ein mittelständisches Unternehmen mit rund 90 Angestellten auf der Alb und Büros in den USA sowie in Südamerika.

Vorbei sind die Zeiten, als man schräg angeschaut wurde, wenn man für »Nuklearblaaschd« schafft, wie der Schwabe sagt. Heute ist es ganz normal, CDs und Fanartikel wie Totenköpfe, Nietenbänder oder T-Shirts einzutüten und vom zweckmäßigen Firmengebäude im Industriegebiet am Rande der Alb in alle Welt zu verschicken. Nuclear Blast ist einer der größten Arbeitgeber vor Ort mit einem jährlichen zweistelligen Millionenumsatz. Berührungsängste gibt es keine mehr.

Verwunderlich ist es eigentlich nicht, dass ausgerechnet in der Provinz und nicht in einer der Weltmetropolen das größte Metal-Label entstanden ist – ist doch Heavy Metal der Soundtrack ihres Lebens für viele Jugendliche vom Dorf: Aufbegehren, abgrenzen, abgehen!

Southside Festival

Die Ärzte, Green Day, Casper, Rammstein, Deichkind – da klingt die Alb so ganz und gar nicht altbacken, beim Southside Festival. Und der Name Neuhausen ob Eck hat dadurch sogar bundes-, wenn nicht gar weltweit einen guten Klang bekommen. Das Open-Air-Konzert lockt seit dem Jahr 2000 regelmäßig die Musikfans auf die Schwäbische Alb und hat sich inzwischen zu einem der größten Festivals in Deutschland entwickelt.

Seit 2009 überrennen Ende Juni regelmäßig mehr als 50 000 Besucher für ein Wochenende die 4000-Seelen-Gemeinde in der Nähe von Tuttlingen. Und nach Veranstalterangaben ist die Nachfrage sogar teils doppelt so groß. Gefeiert wird drei Tage lang ausgelassen zu Rock-, Alternative-, Independent- oder Electro-Klängen auf einem rund 800 000 Quadratmeter großen ehemaligen Militär- und Flugplatzgelände. Knapp 100 Bands, von denen auch viele beim parallel stattfindenden Schwesterfestival Hurricane im niedersächsischen Scheesel auftreten, spielen beim Southside auf vier großen Bühnen.

Tausende Helfer sorgen für einen reibungslosen Ablauf. Im Tower – wo auch sonst – haben die Einsatzkräfte ihre Sicherheitszentrale und einen perfekten Überblick über das Gelände. Viele Musikfans campen während des Festivals auf der Wiese neben der ehemaligen Landebahn. Die wird denn auch selbst zur Bühne für Künstler, Hobbymusiker und Akrobaten. Besucher schildern die Atmosphäre als eine Mischung aus Zirkus, Jahrmarkt und Woodstock.

Wer aber denkt, dass auf der Südseite – nichts anderes bedeutet Southside übersetzt – der Republik immer eitel Sonnenschein herrscht, der irrt. Nachdem 2008 unter strahlend blauem Himmel am Ende sogar Wassermangel herrschte und sich etliche Besucher einen Hitzschlag zuzogen, kippte das Wetter 2009. Und 2010 hat sich die Alb dann so richtig von ihrer rauen Seite gezeigt. Statt sommerlicher Temperaturen gab's Schafskälte mit frostigen zehn Grad. Und als ob das noch nicht genug wäre, öffnete der Himmel seine Schleusen und verwandelte das Festivalgelände in eine einzige Schlammgrube. Gegen den Starkregen halfen dann auch lastwagenweise Holzschnitzel nicht mehr – knöcheltief standen die Fans im Matsch – was die ganz Harten aber nicht davon abhielt, sich trotzdem selbst zu feiern und bei Schlammschlachten Party zu machen, genau wie im Jahr darauf. 2016 erwischte das Wetter die Musikfans dann noch einmal ganz übel. Aus Sicherheitsgründen musste das Festival nach einem schweren Unwetter bereits am Freitagabend abgebrochen werden. Es gab über 80 meist leicht Verletzte. Von 88 Bands konnten nur 18 spielen.

Der Beliebtheit des Open-Air-Festivals hat das alles aber zum Glück nicht geschadet. Nach wie vor ist das Southside einer der Besuchermagneten auf der Schwäbischen Alb.

Völkerverbindung in Rekordzeit

Die Neubaustrecke Stuttgart–Ulm ist Teil der Magistrale für Europa, einer Eisenbahn-Hochgeschwindigkeitsachse zwischen der französischen Hauptstadt Paris und dem slowakischen Bratislava. Genau in der Mitte führt die 1500 Kilometer lange Strecke mitten über die Schwäbische Alb.

Ins Leben gerufen wurde die Initiative von Städten und Kreisen sowie Wirtschaftsverbänden entlang der Strecke, die sich davon eine schnellere wirtschaftliche, politische, aber auch kulturelle Integration von West- und Osteuropa versprechen. Denn: Eine Direktverbindung gibt es bisher nicht.

Offizieller Baubeginn für das Milliardenprojekt, das Teil des lange umkämpften und schwer umstrittenen Stuttgart 21 ist, war 2012. Seitdem wird gebuddelt und geschafft, was das Zeug hält. Riesige Tunnelbohrmaschinen fressen sich durch die Alb, unvorstellbar große Erdmengen werden bewegt. Neben der Autobahn A8 wachsen aus dem Nichts richtige Berge und werden wie von Zauberhand wieder abgetragen. 30 der 60 Kilometer zwischen Wendlingen und Ulm sollen in Tunneln verlaufen.

Für attraktive Reisezeiten durchs Ländle

Einmal geht es aber so richtig hoch hinaus: Auf der Filstalbrücke bei Mühlhausen im Kreis Göppingen. Das rund 480 Meter lange Bauwerk, das den Abgrund überspannt, wird mit 85 Metern die dritthöchste Eisenbahnbrücke Deutschlands. Zeit, den Ausblick zu genießen, werden die Fahrgäste aber kaum haben. Die Züge schießen aus einem Tunnel hinaus auf die Brücke und nach wenigen Sekunden schon wieder in den gegenüberliegenden Tunnel hinein. Geplant ist, den Streckenabschnitt 2022 in Betrieb zu nehmen. Mit rund 250 Stundenkilometern soll es dann über die Schwäbische Alb gehen – Völkerverbindung in Rekordzeit. Die neue Verbindung soll die Filstalbahn ablösen, die bisher mit nur 70 Stundenkilometern am Albaufstieg die engen Kurven an der Geislinger Steige hinaufzuckelt. Die gilt nach wie vor als steilste Normalspurstrecke Europas und ist ein Zeichen schwäbischer Ingenieurskunst. 1850 wurde sie nach nur drei Jahren Bauzeit in Betrieb genommen. Auf lediglich sechs Kilometern geht es 112 Höhenmeter hinauf. Die Streckenführung wurde bis heute kaum verändert.

SEHENSWERTE ALB

Enger geht's nimmer

Die Reutlinger Spreuhofstraße ist seit dem Jahr 2007 als engste Straße der Welt im Guinnessbuch der Rekorde verzeichnet. An der schmalsten Stelle misst die Gasse gerade einmal 31 Zentimeter, was etwas mehr als einem DIN-A4-Blatt an der langen Seite entspricht. Wer die 3,80 Meter lange Straße durchlaufen möchte, muss seinen Bauch einziehen und darf nicht unter Platzangst leiden. Entstanden ist das Nadelöhr nach dem Stadtbrand von 1726. Die Feuerkatastrophe legte damals Reutlingen in großen Teilen in Schutt und Asche.

Da einige reizvolle Winkel und Gebäude dem furchtbaren Feuerinferno trotzten, lassen sie sich – inzwischen restauriert – bei einem Spaziergang durch die Altstadt

In der Spreuhofstraße in Reutlingen geht es besonders eng zu.

oder einer Stadtführung entdecken. So wechseln sich mittelalterliches Fachwerk, gotische Kirchenbaukunst und moderne Stadtarchitektur am Fuße der Schwäbischen Alb ab. Erwähnt werden soll auch der größte Sohn der Stadt, Friedrich List. Der 1789 in Reutlingen geborene Nationalökonom, Eisenbahnpionier, Politiker und Publizist gilt als eine der herausragenden Persönlichkeiten der deutschen Geschichte des 19. Jahrhunderts.

Hautnah im Mittelalter

Eine ganz besondere Baustelle im Wald, die Klosterbaustelle »Campus Galli«, befindet sich bei Meßkirch und ist ein Projekt, das schon vor 1200 Jahren wie folgt begann: Im 9. Jahrhundert zeichneten Mönche eine große Abteikirche, Wohnräume und Werkstätten, Stallungen und Gärten, setzten die Pläne aber nie in die Tat um. Genau nach diesen mittelalterlichen Plänen soll in den kommenden Jahren eine karolingische Klosterstadt im Wald entstehen. Dabei ist der Clou, dass auch so gebaut werden soll, wie es vor 1200 Jahren üblich war, als es noch keine Maschinen, Kräne, Chemikalien und andere Hilfsmittel gab.

Die Besucher tauchen in eine Mittelalterwelt ein und erleben, wie mühsam jeder Baufortschritt und auch der Alltag anno dazumal vonstatten ging. Es gibt Einblicke in diverse Werkstätten, dazu erleben sie das Fällen der Bäume, das Behauen der Balken mit der Axt, den mühsamen Transport von Baumaterialien, das Nähen von Gewändern sowie das Bestellen der Äcker und Gärten. Interessantes zu entdecken gibt es zudem beim Schmied und seinem Gehilfen, den Maurern und Zimmermännern, dem Steinmetz und Töpfer, Drechsler oder Schäfer, der das Vieh auf die Weide bringt und letztlich dafür sorgt, dass in der Weberei Material für Kleidung und Stoff als Handelsware zur Verfügung steht. Natürlich ist auch für Speis und Trank gesorgt, alles in Anlehnung an die längst vergangene Zeit.

Seit der Eröffnung der etwas anderen Baustelle im Jahr 2013 steigen die Besucherzahlen rasant. Zuletzt waren es in einer Saison knapp 80 000 Gäste, die sich zwischen März und November auf eine einzigartige Zeitreise begaben und sich vor Ort vom Baufortschritt überzeugten. Übrigens darf man hier nach vorheriger Anmeldung auch für mindestens sechs Tage ehrenamtlich mitanpacken und so hautnah ins Mittelalter eintauchen. Dann heißt es Handy und Plastikflaschen weg, Tonkrug und Gewänder wie Leinenkleid oder »fränkisches Hemd« samt Hose her. Und schon geht es los mit Köpfchen und Muskelschmalz zum Körbeflechten, Seilemachen, Holznägelschnitzen und vielem mehr. Die dort festangestellten Handwerker freuen sich über jede helfende Hand. Die Gesamtbauzeit der Klosteranlage ist übrigens auf rund 40 Jahre veranschlagt. Die Kirche aus Holz steht schon.

Campus Galli, Hackenberg 92, 88605 Meßkirch, www.campus-galli.de

Märchenhaft

Will man mehr über die Historie des berühmten Märchenschlosses von der Alb erfahren, welches erhaben auf einem Felsvorsprung über dem Lichtensteiner Ortsteil Honau und den Quellen der Echaz thront, muss man gehörig an der Zeitschraube drehen. Genauer gesagt: zurück bis ins Jahr 1100. Zu jener Zeit entstand am Albtrauf nahe Reutlingen die erste Burg Lichtenstein, die Stammburg der Ritter von Lichtenstein. Mehrmals zerstört, wieder aufgebaut und in der Hand von wechselnden Besitzern, mauserte sich die baufällige Burg im Jahr 1802 zu einem fürstlichen Jagdhaus, einem Forstschlösschen mit angrenzendem Besitz. Kurz darauf hielt sich König Friedrich von Württemberg in jenen geschichtsträchtigen Mauern auf.

Der Neubau des romantischen Schlosses Lichtenstein, der romantischen Ritterburg im neugotischen Stil, wie sie die Besucher heute erleben, erfolgte ab 1840 unweit der Burgruine Alt-Lichtenstein. Und genau da kommt der Schriftsteller Wilhelm Hauff ins Spiel, der neben vielen Märchen und Erzählungen wie »Das kalte Herz«, »Kalif Storch«, »Zwerg Nase« oder »Die Geschichte vom kleinen Muck« 1826 seinen einzigen historischen Roman »Lichtenstein« veröffentlichte. Neben den Märchen sein bekanntestes Werk.

Hauff verortete seinen Roman samt Romanschloss auf dem Schlösschen Lichtenstein, welches um 1800 neben der benachbarten Nebelhöhle bereits ein beliebtes Ausflugsziel darstellte und im Land bekannt war.

Das Märchenschloss Württembergs

13 Jahre nach Wilhelm Hauffs frühem Tod 1827 ließ der neue Besitzer der Burg, Graf Wilhelm von Württemberg, inspiriert durch Hauffs Zeilen, auf 817 Metern das Märchenschloss Lichtenstein errichten. Ein kleines, aber feines Wilhelm-Hauff-Museum in Lichtenstein-Honau erinnert an den Märchenerzähler und Wort-Virtuosen. Das Schloss hoch oben, welches sich im Privatbesitz der herzoglichen Familie von Urach befindet, bietet neben diversen Führungen auch einen herrlichen Blick über die Schwäbische Alb.

www.schloss-lichtenstein.de
Wilhelm-Hauff-Museum, Echazstr. 2, 72805 Lichtenstein-Honau,
www.gemeinde-lichtenstein.de

Preisgekrönter Werksiedlungsbau

Zwischen Gingen an der Fils und Geislingen an der Steige liegt die Gemeinde Kuchen. Mittendrin die sehenswerte Historische Arbeitersiedlung, die ab 1987 für rund 20 Millionen Deutsche Mark saniert wurde.

Seit 1857 betrieb dort der Baumwoll-Industrielle, Vordenker und Visionär Arnold Staub eine Baumwollspinnerei und beschäftigte in

Hochzeiten über 800 Mitarbeiter. In seinem Betrieb liefen seinerzeit knapp 30 000 Spindeln und 535 Webstühle, was ihn zum bedeutendsten Arbeitgeber dieser Art in Württemberg machte. Um Mitarbeiter zu gewinnen, sie zu Industriearbeitern nach seinen Idealen zu formen und letztlich zu halten, ließ Arnold Staub nach den Plänen der Architekten Georg Morlock und Leonhard Zeugheer eine Arbeitersiedlung bauen.

Mit den integrierten Kultur-, Freizeit-, Versorgungs- und Gesundheitseinrichtungen sorgte er für manch Komfort und umfassende Fürsorge in schlechten Zeiten. Ein Kaufladen, eine Apotheke, die Schule und die Bibliothek, das Badhaus und das Schwimmbecken sowie das Lese- oder Versammlungszimmer sind nur einige seiner Ideen, die er beim Bau der Siedlung umsetzte und dafür auf der Weltausstellung in Paris 1867 den Großen Preis mit Goldmedaille bekam.

Für die Bewohner der Gemeinschaft, die in allen Lebensbereichen unter der Reglementierung durch ihren Arbeitgeber standen, gehörten kleine Gemüse- und Blumengärten ebenso dazu wie manch neuartige Erfindung: etwa das Erwärmen von mitgebrachtem Essen mittels wasserdampfbetriebener Aufwärmapparate oder das Kosthaus, ein Gasthaus mit vollem Wirtschaftsrecht.

Der Besuch der Anlage ist mit und ohne Führung möglich. Geführt taucht man aber so gefesselt ins 19. Jahrhundert und das Leben im Örtchen Kuchen ab, dass man aus dem Staunen nicht mehr herauskommt und manches Gebäude mit ganz anderen Augen sieht. Es wundert dann auch nicht, dass diese industrielle Mustersiedlung zu den interessantesten Anlagen dieser Art in Mitteleuropa zählt und selbstverständlich denkmalgeschützt ist.

Über 500 Jahre Pferdegeschichte

Inmitten des UNESCO-Biosphärengebiets Schwäbische Alb liegt das baden-württembergische Haupt- und Landgestüt Marbach mit seinen historischen Gebäuden und einer interessanten Historie. Der Betrieb ist zudem das älteste deutsche Staatsgestüt, erstmals urkundlich erwähnt im Jahr 1514.

Damals, unter der Herrschaft von Herzog Ulrich, gab ein verdächtiger Knecht in einem Verhör an, auf dem Weg »zum Gestüt seines

Herren in Marbach an der Lauter« gewesen zu sein, womit er das Gestüt urkundlich verbriefte.

Die Pferdezucht in Marbach überstand den 30-jährigen Krieg nicht und verlor in den Wirren fast alle Pferde. Aufwärts ging es erst ab 1648 nach dem Westfälischen Frieden und durch Herzog Carl Eugen, der in seiner Regentschaft prachtvolle Pferde für seinen Hof, seine Kutschen sowie zum Jagen und Reiten beanspruchte und die Zucht entsprechend förderte. Nachfolgend schickte Herzog Friedrich neben Tausenden von Soldaten auch massenhaft Pferde auf Napoleons Feldzüge, mit dem er zuvor eine politische Allianz eingegangen war und dafür zum Kriegskönig erhoben wurde. In Zahlen: Württemberg verlor 40 000 Pferde.

Mit König Wilhelm I., dem beliebten Bauernkönig, erlebte der landwirtschaftliche Betrieb einen Neuanfang. Der Monarch trennte Hof- und Landgestüt. Die Marbacher Gestütshöfe widmeten sich als Landgestüt fortan der Zucht von Militärpferden und Pferden für die Landwirtschaft. Die rasch über die württembergischen Grenzen hinaus bekannte Vollaraberzucht für den königlichen Hof verlagerte der König nach Weil.

Der berühmte Pferdenachwuchs in Marbach fängt klein an.

Mit der aufkommenden Industrialisierung samt fortschrittlichen Fortbewegungsmitteln änderten sich auch die Ansprüche an die Zucht. Das Gestüt reagierte und züchtete das Württembergische Warmblutpferd. Nach zwei überstandenen Weltkriegen sank der Bedarf an Arbeitspferden kontinuierlich. Gefragt waren fortan vielseitige Pferde für Sport und Freizeit sowie Leistungsprüfungen und die Ausbildung von Reitern und Pferden. Marbach stellte sich darauf ein, baute in den 1970er-Jahren Pferdesportanlagen und bildete erstmals Pferdewirte aus.

Heute ist das Gestüt nicht nur das Kompetenzzentrum schlechthin. Es ist das größte Ausbildungszentrum für Pferdewirte in Deutschland, bildet jährlich rund eintausend Reit- und Fahrschüler aus und lockt Jahr für Jahr eine Vielzahl an Gästen an, die von Führungen, Vorführungen, Turnieren, Auktionen und den Hengstparaden begeistert sind. Neben den zahlreichen Veranstaltungen lockt auch das in einer alten Kirche untergebrachte Gestütsmuseum in Gomadingen-Offenhausen zu einen Besuch. Der Pferdefreund erfährt viel über die Entstehung des Gestüts, seinen Alltag und die Tiere und findet Kutschen, Schlitten, Geschirre, Sättel und Steigbügel vor.

Gestütsmuseum Offenhausen, Klosterhof,
72532 Gomadingen-Offenhausen, www.gomadingen.de
Gestütshof Marbach, www.gestuet-marbach.de

Uralt, schepps und einzigartig

Das schiefste Haus der Welt steht im Zentrum des historischen Handwerkerviertels in Ulm, dem Fischer- und Gerberviertel, und ist neben dem Münster wohl eines der meistfotografierten Bauwerke in und um Ulm.

Um 1406 entstand das Bürgerhaus in der Schwörhausgasse, welches 1443 erweitert wurde. Während es auf der Nordseite auf einem festen Kiesuntergrund stand, war der tragfähige Baugrund auf der Südseite erheblich tiefer. Die Fundamente samt Haus sanken ab. Drei Säulen im Flüsschen Blau sollten das Gebäude stützen. Trotz verschiedener Maßnahmen und Fundamentarbeiten neigte sich das Gebäude aber weiter. Heute ist das historisch wertvolle, aufwendig restaurierte und statisch gesicherte Haus der Hingucker im Handwerkerviertel.

1995 wurde es wiedereröffnet, bekam ein Jahr später den Denkmalpreis des Landes Baden-Württemberg zugesprochen und war 1997 als »schiefstes Hotel der Welt« einen Eintrag ins Guinnessbuch der Rekorde wert. In seinen Räumen soll neben Fabrikarbeitern und Schweinehirten auch die völlig verarmte Witwe des Schneiders von Ulm gelebt haben.

Dank etlicher Maßnahmen kann das schiefe Haus heute als exklusives Hotel genutzt werden.

Eine gemeinnützige Stiftung hat sich der Erhaltung, der Nutzung und dem Zugang angenommen. Im über 600 Jahre alten Gebäude, welches sich über die Blau beugt, ist ein exklusives Hotel untergebracht. Elf herausgeputzte und liebevoll eingerichtete Zimmer sowie Nebenräume sorgen für eine ganz besonders schräge Übernachtung in der Donaustadt. Die Superlative gehen derweil auch in direkter Nachbarschaft nicht aus. Etwa das »Schöne Haus« oder das »Zunfthaus« brauchen sich ebenso wenig zu verstecken wie das älteste Gasthaus im Viertel, die »Forelle«.

Von der Burg zum fürstlichen Residenzschloss

Am Rande der Schwäbischen Alb in Sigmaringen, hoch über der Donau und der Altstadt auf dem heutigen Schlossberg gelegen, erhebt sich das zweitgrößte Stadtschloss Deutschlands. Seit fast 500 Jahren ist das von der Familie Hohenzollern als Wohn- und Verwaltungssitz genutzte Schloss Sigmaringen im Familienbesitz.

Die Hohenzollern gelten als eines der ältesten und bedeutendsten schwäbischen Hochadelsgeschlechter Europas. Jahrhundertelang war die Burg, später das Schloss, ein Treffpunkt des europäischen Hochadels. In über 450 Räumen und Prunksälen beherbergt es nicht nur Zeugnisse seiner wechselvollen Familiengeschichte und einzigartige Kunstschätze, sondern auch die größte private Waffensammlung Europas sowie die bedeutendste hohenzollerische Kutschensammlung der Welt.

Die ältesten Teile des Hohenzollern-Schlosses liegen unter den Neu- und Umbauten versteckt, die zwischen dem 17. und 19. Jahrhundert erfolgten. Erstmals erwähnt wurde die mittelalterliche Burg von Sigmaringen im Jahr 1077 in einer Chronik des Klosters Petershausen. Heute noch erhaltene Burgreste wie das Burgtor, Palas und Bergfried stammen aus der Stauferzeit um 1200. Insgesamt erlebte das imposante Gemäuer drei große Bauperioden, die letzte unter Graf Karl II. zwischen den Jahren 1627 und 1630. Zu jener Zeit entwickelte sich die Burg zu einem Renaissanceschloss.

Ein großer Brand erfasste 1893 den Adelssitz und zog eine durchgreifende Neugestaltung im Stil des Historismus nach sich. Wer tiefer in die faszinierende wie spannende Geschichte des Schlosses und des Fürstenhauses Hohenzollern eintauchen, einen Blick in die Privatgemächer, Prunksäle oder in ein fürstliches Badezimmer von einst werfen möchte und auch einer Anekdote aus längst vergangenen Tagen nicht abgeneigt ist, nutzt das breite Angebot an Schloss- oder Themenführungen, die es übrigens bereits seit 1871 gibt.

Schloss Sigmaringen, Karl-Anton-Platz 8,
72488 Sigmaringen, www.schloss-sigmaringen.de

Über der Stadt thront das Schloss.

Alte Tunnel, enge Stellen

Steckt man im Stau auf der A8, lassen sie sich relativ gut betrachten: die beiden ältesten noch im Betrieb befindlichen Autobahntunnel Deutschlands – der Nasenfelstunnel und der Lämmerbuckeltunnel. Sie gehören zu den Nadelöhren der Strecke Stuttgart–Ulm. Dreispurig kommt man von der Landeshauptstadt bis an den Albaufstieg – dreispurig geht's oben auf der Albhochfläche weiter Richtung Ulm und München. Nur dazwischen quälen sich die Blechkolonnen zweispurig den Drackensteiner Hang hinauf beziehungsweise kriechen auf der anderen Seite des Berges hinunter. Die Autobahn, die bereits zu Zeiten des Deutschen Reichs gebaut wurde, ist hier nämlich zweigeteilt. Zu steil war das Gelände am Albaufstieg, als dass man mit der damaligen Technik irgendwie vier Spuren nebeneinander gebracht hätte.

Durch den gerade mal 60 Meter langen Nasenfelstunnel, der unter dem gleichnamigen Tuffsteinfelsvorsprung durchführt, kommt man bei der Fahrt von der Alb runter. Er wurde am 30. Oktober 1937 für den Verkehr freigegeben und ist damit der älteste Autobahntunnel in Deutschland. Wegen seiner Kürze ist er bis heute weder beleuchtet noch belüftet.

Deutlich mehr Tunnelcharakter hat der zweitälteste Autobahntunnel Deutschlands. Der wartet Richtung Ulm auf die Autofahrer, die den Albaufstieg geschafft haben: der Lämmerbuckeltunnel bei Wiesensteig. 625 Meter lang und 7,5 Meter breit ist die Röhre, die innen komplett gefliest war und 2011 grundlegend saniert sowie mit Sicherheitstechnik ausgestattet wurde. Mit dem Bau wurde 1937 begonnen, bereits 1938 erfolgte der Durchbruch, die Fahrbahn im Tunnel war 1942 fertig – und doch dauerte es noch einmal 19 Jahre, bis der Verkehr durch den Lämmerbuckeltunnel rollen sollte. Erst 1957 war nämlich der Rest des Autobahnaufstiegs von Stuttgart her mit seinen zahlreichen Brückenkonstruktionen fertig. Während des Zweiten Weltkriegs wurde die Röhre – unter dem bis zu 40 Meter hoch darüber aufragenden Fels bestens getarnt und vor Bombenangriffen aus der Luft geschützt – als Rüstungsfabrik für Kompressoren und Flugzeugmotoren genutzt.

Über kurz oder lang soll der enge Flaschenhals der wohl wichtigsten Ost-West-Verbindung Europas beseitigt werden. Die Strecke zwischen Mühlhausen und Hohenstadt soll dann in beide Richtungen dreispurig ausgebaut und deutlich begradigt werden. Sie würde dann über die 800 Meter lange, gut 50 Meter hohe Filstalbrücke, durch den rund 1200 Meter langen Tunnel Himmelsschleife, über die 460 Meter lange, 70 Meter hohe Gosbachtalbrücke und durch den knapp 1700 Meter langen Drackensteintunnel führen. Dem Plan nach soll der bisherige Albabstieg samt Nasenfelstunnel dann wieder renaturiert werden, die Aufstiegsstrecke samt Lämmerbuckeltunnel bliebe als Landesstraße erhalten.

Kugelmühle Neidlingen

Hier geht's rund: in der Kugelmühle in Neidlingen. Es ist eine der letzten ihrer Art in Deutschland und die einzige auf der Schwäbischen Alb. Chef und Gründer Stefan Metzler geht hier dem garantiert seltensten Beruf im ganzen Biosphärengebiet nach: Kugelmüller.

Auf Bergwanderungen hat er in den Alpen einen Kugelmüller kennengelernt und war fasziniert von dem Handwerk. Seit 2005 bringt er selbst die sonst im Boden verborgene geologische Vielfalt der Alb in Form und zum Glänzen. Am Neidlinger Seebach hat er in einem kleinen Klinkerbau aus der Gründerzeit seine Kugelmühle eingerichtet.

Mit Wasserkraft zu kunstvollen Kugeln

Per Wasserkraft wird hier heimischer Jura-Marmor zu Kugeln und Murmeln geformt. Der Marmor findet sich auf der Alb in der obersten Schicht des Weißjura. Der wertvolle Bodenschatz wird heute hauptsächlich zu Bildhauerzwecken abgebaut.

Metzler holt aus den großen Gesteinsbrocken kleine Bohrkerne, die wiederum zerteilt werden, bis gleichmäßige, kugelförmige Teile übrig bleiben. Diese werden zwischen zwei runde Schleifscheiben eingelegt, auf denen ein Wasserrad angebracht ist. Eingespannt wird die Konstruktion in eine Flügeltüre, die in den Flusslauf geklappt wird. Das strömende Wasser tut sein Werk und schleift die Ecken und Kanten der Steine ab, bis perfekte, runde Kugeln übrig bleiben – wie schon zu Uropas Zeiten.

Etwa 24 Stunden dauert das Schleifen im Normalfall. Und die Natur ist bei ihrer Arbeit viel präziser, als es ein Handwerker per Menschenhand je sein könnte. In den Rillen der konzentrischen Scheiben werden die Kugeln in eine Bahn gezwungen und drehen sich in alle Richtungen. Bis auf einen Hundertstelmillimeter genau ist anschließend jede Kugel in ihrer Rundung.

Jede Murmel und Kugel ist ein Unikat, geprägt von den Einschlüssen, Kristalladern oder auch Fossilien, die im Marmor verborgen waren. Erhältlich sind die Kugeln ausschließlich im Direktvertrieb bei der Kugelmühle in Neidlingen.

Überraschend: Ausgerechnet im Winter ist Hochsaison für den Kugelmüller. Denn das kalte Wasser ist bei vier Grad Celsius besonders dicht und schwer und treibt die Flügelräder der Mühle mit ordentlicher Kraft an. Für Besucher ein besonderes Schauspiel: Während das fließende Wasser auch bei knackigem Frost nicht gefriert, bildet das Spritzwasser darum herum bizarre Skulpturen und Eisformationen. Aufwärmen kann man sich dann wieder bei einer Besichtigung der Kugelmühle, in der sich auch eine kleine Ausstellung mit Gesteinen aus Württemberg und den daraus gefertigten Kugeln befindet.

Im Sommer lockt in dem idyllischen Tal zudem der kleine, aber feine Neidlinger Wasserfall – gut zu erreichen vom Wanderparkplatz »Braike«. Aus einer Felsenquelle im Wald strömt das Wasser über bemooste Tuffsteinrinnen und fällt dann malerisch über eine Kante. Ein geradezu mystischer Ort – sofern der Wasserfall im Sommer nicht versiegt.

Kugelmühle Neidlingen, Gießenstraße, www.kugelmuehle-neidlingen.de, Führungen per Mail buchbar unter kugelmuehle@gmx.de

Thyssenkrupp Testturm

Gut: Strenggenommen steht der Thyssenkrupp Testturm nicht auf der Schwäbischen Alb, sondern irgendwo westlich zwischen Alb und Schwarzwald – aber der Albblick von Deutschlands höchster Besucherplattform ist einzigartig. Aus 232 Metern Höhe können Besucher den Blick schweifen lassen. Insgesamt ragt der Turm bei Rottweil 246 Meter in die Höhe – 30 Meter mehr als der Stuttgarter Fernsehturm.

2017 wurde das Bauwerk fertiggestellt. Ganz unumstritten war es allerdings nicht, überragt das Bauwerk der Architekten Helmut Jahn und Peter Sobek doch die nur anderthalb Kilometer entfernte historische Altstadt von Rottweil – eine der ältesten in Deutschland – um ein Vielfaches und verändert so das Stadtbild unwiederbringlich.

Der Aufzugtestturm von Thyssenkrupp in Rottweil

Die schlanke, mit Glasfasergewebe verkleidete Nadel ist der weltweit höchste Testturm für Aufzugsanlagen. Rund 40 Millionen Euro investierte das Unternehmen in das Projekt. In zwölf Schächten werden die Hochgeschwindigkeitsaufzüge geprüft, die später in den Wolkenkratzern der Weltmetropolen ihren Dienst tun sollen. Und übrigens: Man sieht nicht nur die Alb, sondern bei guter Fernsicht sogar die Alpen.

Wer selbst einen Ausflug in luftige Höhen wagen will, findet Infos zu Öffnungszeiten und Tickets auf der Webseite.

www.testturm.thyssenkrupp-elevator.com

Sehenswerte Alb

Stollen im Stollen

Glanzvolle, bunte Weihnachtsmärkte gibt es viele, aber wer mal einen unterirdischen Weihnachtsmarkt erleben will, der muss nach Wasseralfingen. Im Tiefen Stollen bei Aalen wird im Dezember der einzige Weihnachtsmarkt unter Tage im Südwesten, und wahrscheinlich sogar in ganz Deutschland, aufgebaut – 2017 bereits zum fünften Mal. Schon 2016 kamen mehr als 8500 Neugierige.

Mit der Grubenbahn geht's hinunter in die weihnachtlich geschmückten, stimmungsvoll beleuchteten Sandsteinhallen des Bergwerks. Die klassisch rot-weißen, spitzen Weihnachtsmann-Mützen sieht man allerdings eher selten. Denn: Wer durch die 35 Stände unter Tage schlendern möchte, muss den Helm aufziehen. Das ist Pflicht hier. Positiver Nebeneffekt: Wer zum Stollen im Stollen auch noch den einen oder anderen Glühwein verkostet, ist ebenfalls gut geschützt. Und wahrscheinlich wird dann angesichts der außergewöhnlichen Atmosphäre auch der Weihnachtsklassiker unter den Witzen mehr als einmal erzählt. Sie wissen schon: Treffen sich zwei Rosinen. Sagt die eine: »Warum hast du denn einen Helm auf?« Sagt die andere: »Ich muss in den Stollen!«

Aber auch unter dem Jahr hat der Tiefe Stollen bei Aalen-Wasseralfingen einiges zu bieten. Er ist gleichermaßen Besucherbergwerk und Heilstollen. Bei konstanten elf Grad Celsius und einer extrem hohen Luftfeuchtigkeit von 98 Prozent erfahren

Zum Weihnachtsmarkt geht's tief hinunter.

vor allem Menschen mit Atemwegserkrankungen Linderung, beispielsweise im Rahmen einer Asthmatherapie.

Seit 1987 können Neugierige in die frühere Arbeitswelt unter Tage eintauchen. Eine Grubenbahn bringt die Besucher rund 400 Meter hinein in das Bergwerk mit seinem insgesamt sechs Kilometer langen System aus Stollen und Schächten, von dem rund 800 Meter begehbar sind. Entstanden ist das Bergwerk ursprünglich als Eisenerzgrube von Wilhelm I. – von 1608 bis 1939 wurde im Braunenberg Eisenerz abgebaut.

Besucherbergwerk Tiefer Stollen, Erzhäusle 1, 73433 Aalen, www.tiefer-stollen.de

Ulmer Münster

Es steht da wie eine Eins, es ist wohl der weltbekannteste Weltrekord in diesem Buch, und es dürfte Touristenmagnet Nummer eins sein, wenn es darum geht, der Schwäbischen Alb einen Besuch abzustatten: das Ulmer Münster. Es ist die größte evangelische Kirche in Deutschland. Und es verfügt über den weltweit höchsten Kirchturm. Genau 161,53 Meter ragt der in den Ulmer Himmel. Im Vergleich dazu: Der Kölner Dom kommt als zweithöchster Kirchenbau in Deutschland auf 157,38 Meter.

Das Beste am Ulmer Münster: Man kann nicht nur ehrfürchtig hinaufschauen und sich klein fühlen, sondern selbst fast bis zur Spitze hochsteigen und den Blick über die Stadt, die Donau, die Alb-Ausläufer, das bayerische Neu-Ulm und – an Föhntagen mit guter Fernsicht – sogar bis zu den Alpen schweifen lassen. Allerdings braucht man ordentlich Kraft in den Waden und Puste, wenn man die schmalen Wendeltreppen in Angriff nehmen will. 768 Stufen gilt es zu erklimmen, ehe man im oberen Drittel des Turmhelms auf 143 Metern angekommen ist. Runter geht's deutlich schneller, man muss nur aufpassen, dass man nicht den Drehwurm bekommt.

Erst 1890 wurde der Turm vollendet – nach mehr als 500 Jahren Bauzeit. Denn bereits 1377 wurde der Grundstein fürs Münster gelegt. Im Vergleich dazu sind die paar Jahre für Stuttgart 21

Wunderschön und weltberühmt: das Ulmer Münster

eigentlich gar nichts. Gut, die Erbauer hatten ab 1543 auch eine gut 300-jährige Schaffenspause eingelegt. Erst ab 1844 wurde wieder weitergebaut. Erst dann bekam das Münster auch sein heutiges Aussehen und die schlanke Turmspitze. Bis dahin war der Hauptturm oben nämlich eher platt und nur rund 100 Meter hoch.

Insgesamt ist der gotische Sandsteinbau 123,56 Meter lang und 48,8 Meter breit. Das Mittelschiff ist imposante 41,6 Meter hoch. Im Mittelalter fanden wohl gut 20 000 Menschen darin Platz – heute ist üblicherweise für 2000 Menschen bestuhlt. Der Erhalt des Münsters verschlingt jährlich mehrere hunderttausend Euro. Allerdings locken der evangelische Kirchenbau und seine sehenswerten Kirchenschätze – wie die filigranen, bunten Chorfenster, das geschnitzte, gotische Chorgestühl, die Steinmetzkunst oder Deutschlands größte Wappensammlung – jährlich auch Scharen von Besuchern nach Ulm.

Öffnungszeiten, Führungen und Preise unter www.ulmer-muenster.de

Die Burg Hohenzollern

Sie ist das unbestrittene Wahrzeichen der Schwäbischen Alb: die Burg Hohenzollern mit ihren spitzen Türmen und Zacken, die so prominent auf einem 855 Meter hohen, isolierten Bergkegel thront, der dem Albtrauf bei Bisingen ein Stück weit vorgelagert ist. Sie ist der Stammsitz des Fürstengeschlechts der Hohenzollern, die einst das regierende preußische Königs- und deutsche Kaiserhaus stellten.

Die Wurzeln der Anlage reichen zurück bis ins Mittelalter, gebaut wurde die erste Burg vermutlich im 11. Jahrhundert. Zerstört wurde sie vom Bund der schwäbischen Reichsstädte 1423, 1454 wurde eine neue Festung gebaut. Immer wieder wurde sie erobert und verfiel schließlich nach Abzug der Österreicher.

Um 1800 war bis auf die St. Michaelskapelle nur noch eine Ruine übrig. Es war dann der preußische König Friedrich Wilhelm IV., der sich bei einer Besteigung des Bergs auf seine hohenzollerschen Wurzeln besann und den Startschuss zum dritten Burgbau gab. 1850 wurde der Grundstein gelegt. Errichtet wurde die Burg mit viel Prunk und Protz im Stile der Neugotik – ganz so, wie man sich in der romantisch verklärten Vorstellung damals die Ritterburgen des Mittelalters vorstellte.

Rund 300 000 Touristen besuchen die Burg pro Jahr. Sie ist aber nach wie vor im Privatbesitz des Hauses Hohenzollern. Es gibt Führungen durch die Befestigungsanlagen, den Garten, die prunkvollen Innenräume und Kapellen. Zu sehen sind neben der Waffen- und Schatzkammer mit der goldenen Krone Wilhelms II. auch zahlreiche Kunstwerke von Gemälden bis zu Silber und Porzellan.

Burg Hohenzollern, 72379 Burg Hohenzollern, www.burg-hohenzollern.com

Die Burg Hohenzollern ist weithin sichtbar.

NATÜRLICHE ALB

Alles Gute kommt von oben

Eines der schönsten und bekanntesten Naturschauspiele der Alb spielt sich in Bad Urach ab. Je nach Niederschlagsmenge oder Schneeschmelze rauschen beim Uracher Wasserfall pro Sekunde zwischen 70 und 420 Liter Wasser in die Tiefe.

Der Ursprung des imposanten Nasses, welches sich je nach verfügbarer Wassermenge theatralisch über eine Tuffsteinkante 37 Meter in die Tiefe stürzt, liegt auf einer Hochwiese in einer Karstquelle. Gigantisch anzusehen ist der Wasserfall im Winter, vor allem, wenn Dauerfrost den Wasserfall komplett gefrieren lässt und in ein einzigartiges Eiskunstwerk verwandelt.

Das Besondere am Uracher Wasserfall ist sicherlich, dass ein geschlängelter, steiler, teils mit Stufen verbauter Weg entlang des Wasserfalls nach oben zur Quelle führt, was immer neue Ansichten und Eindrücke des Spektakels ermöglicht. Oben angekommen, versorgt in den Sommermonaten das Team der Wasserfallhütte die Wandersleute mit einer schwäbischen Stärkung.

Ausgezeichnet ist zudem der zehn Kilometer lange Rundwanderweg Wasserfallsteig in Bad Urach. Der wurde im Jahr 2016 zu Deutschlands schönstem Wanderweg gekürt. Übrigens nicht nur wegen des beeindruckenden Uracher Wasserfalls, an dem er, beginnend am Fuße des Schlossberges, entlangführt, sondern auch wegen des zweigeteilten Gütersteiner Wasserfalls im Maisental. Hier fällt das Wasser in vielen kleinen Kaskaden in ein Becken. Nicht ganz so dramatisch wie beim Uracher, dafür umso romantischer und mit ganz eigenem Charme.

Der anspruchsvolle Rundwanderweg ist eher für die helle Jahreszeit geeignet und erfordert mit seinen 510 Höhenmetern gutes Schuhwerk. Dafür genießt man einen wunderbaren Blick auf die Burgrui-

Herrliche Kaskaden beim Gütersteiner Wasserfall

nen Teck, Hohenneuffen und Hohenurach. Letztere ist seit 1765 das Wahrzeichen Bad Urachs und blickt auf eine interessante Geschichte zurück. Erstmals urkundlich erwähnt im Jahr 1235, diente sie ab dem 16. Jahrhundert als Staatsgefängnis. Heute ist die gewaltige Ruine ausschließlich zu Fuß erreichbar, frei zugänglich und zählt zu den größten, wuchtigsten und bedeutsamsten im süddeutschen Raum.

Als der Albtrauf ins Rutschen kam

Es war ein Jahrhundertereignis und hätte in einer weit größeren Katastrophe enden können: der Mössinger Bergrutsch von 1983. Das Wetter präsentierte sich in jenen Tagen übellaunig. Nebelschwaden und schwarze Wolken hingen bis ins Tal. Nieselregen löste die vorangegangenen starken Regenfälle ab. Am nebeligen Unglückstag, dem 12. April 1983, herrschte zunächst eine gespenstische Ruhe am Hirschkopf. Es folgte ein Rumoren, ein Zittern. Und plötzlich setzte sich der bewaldete Nordhang der Schwäbischen Alb in Bewegung. Es krachte und knackte. Bäume rauschten ebenso ins Tal wie Tausende von Gesteinsbrocken. Innerhalb weniger Stunden rutschten vier Millionen Kubikmeter Erde und Geröll mit einem Gewicht von über acht Millionen Tonnen ab. Was blieb, war eine Urlandschaft.

Zeugen des größten Bergrutsches seit über 100 Jahren in Baden-Württemberg sind keine auszumachen. Der Nebel verhinderte jegliche Sicht auf die Katastrophe und dämpfte darüber hinaus den immensen Lärm. Am Morgen des Unglücktages war der Förster genau an dieser Stelle noch auf Inspektionsfahrt gewesen und hatte keine Besonderheiten entdeckt. Gegen Mittag gingen bei den Behörden erste Meldungen über ein Ereignis am Hirschkopf ein. Im Nebel erkannte man einen tiefen Abgrund samt Steinwüste mit meterhohen Geröllhügeln, Tausende ineinander verkeilte Bäume und eine nackte Steilwand. Kurzum ein verheerender Anblick, der sich erst am nächsten Tag bei Sonnenschein in all seinen Ausmaßen offenbarte. Schuld gewesen war der vorangegangene heftige Regen über vier Wochen. Die versickerten Wassermassen brachten die Tonschichten im Inneren zum Aufquellen und letztlich die Hangleiste und den darunterliegenden Bereich ins Rutschen. Zurück blieb eine Kieswüste, ohne Humusschicht, ohne Tiere oder Pflanzen, eine biologische Nullzone.

Heute steht das Gebiet unter Naturschutz, hat 2006 das Prädikat »Nationales Geotop« verliehen bekommen und kann bei einer Wanderung auf eigene Gefahr besichtigt werden.

Am Anfang war die Quelle

Die zig Quelltöpfe auf der Schwäbischen Alb sind einzigartig. Mal mystisch, mal glasklar, gut versteckt, klitzeklein oder phänomenal, mit Sagen behaftet oder romantisch schön. Neben dem berühmten Blautopf können noch weitere Naturschauspiele punkten: Die Brenzquelle mit einer durchschnittlichen Schüttung von 1270 Litern pro Sekunde nahe dem Rathaus mit seiner Rokokofassade gehört zu den größten und schönsten Quelltöpfen und reiht sich mit seiner Schönheit neben Blautopf und Aachtopf ein. Die Brenz macht sich von hier auf den 55 Kilometer langen Weg zur Donau.

Für Romantik pur, vor allem im Frühling und Frühsommer, sorgt der Filsursprung mit seinem rund acht Grad Celsius kalten, erfrischenden Wasser, der bei Wiesensteig in einem idyllischen Tal liegt und geradezu zu einer Wanderung einlädt. Naseweise Beobachter stellen fest, dass hier gleich mehrere Quellen aktiv sind, was sich vor allem nach starken Regenfällen zeigt.

Die Brenzquelle im Winter, auf dem Weg Richtung Donau

Mit glasklarem Quellwasser, welches unter steilen Felswänden entspringt, überrascht die Hasenbachquelle. Wer sie sehen möchte, macht sich auf ins Glastal zwischen Wimsen und Hayingen. Ganz in der Nähe ist – recht imposanten Ausmaßes samt türkisener Färbung – die Kesselquelle Zwiefalten zu finden. Sie bildet einen der beiden Quellflüsse der Aach.

Eine der stärksten Quellen mit einer Schüttung von rund 600 Litern pro Sekunde ist der Lautertopf in Lautern, einem Stadtteil von Blaustein. Die Kleine Lauter passiert das Kleine Lautertal und mündet in Herrlingen zunächst in die Blau und später in die Donau. Aus der Lauterquelle im Hof eines ehemaligen Frauenklosters in Offenhausen dagegen entspringt die Große Lauter, die sich von hier auf den Weg gen Donau durch das berühmte Lautertal macht. An der Quelle und wirklich nur hier wächst das Lauterquellkraut, eine Unterart der Buckligen Wasserlinse.

Wer lieber Forellen statt Wasserlinsen beobachten und das als interessantestes württembergisches Flüsschen bezeichnete Gewässer Lone kennenlernen möchte, hat seine Freude am blau schimmernden Lonetopf in Ursprung, einem Teilort von Lonsee in der Nähe von Amstetten. Das makellos saubere Wasser fließt in der Lone durch das Lonetal und mündet in die Hürbe. Soweit noch ganz normal, wären da nicht die historischen Funde aus Mammutelfenbein und die Entdeckungen aus der Urzeit, die das Tal und ihr Flüsschen einfach einzigartig machen. Quelltöpfe, Wasseraustrittsstellen, Ursprünge in dieser enormem Vielzahl und Schönheit findet man wirklich nur auf der Schwäbischen Alb.

Frühlingsboten satt

Den Märzenbechern gefällt es auf der Schwäbischen Alb besonders gut. Kaum ziehen sich Schnee und bissige Winterkälte langsam zurück und lugt neugierig die erste Frühlingssonne durch die noch kahlen Wälder, legen Abertausende von Frühlingsknotenblumen einen weißen Teppich über die Wiesen und in die Wälder und kündigen das Frühjahr an. Jedes Mal zur großen Freude der Älbler.

Gleich mehrere Standorte auf der Alb sind reich von der Märzenbecherblüte beschenkt und locken Jahr für Jahr Tausende Fans der kleinen weißen Glöckchen mit den grünen Punkten an. Rekordverdächtig geht es im Eselsburger Tal zu. Hier sollen rund ein Zehntel des Bestandes von Baden-Württemberg und damit eine Viertelmillion Märzenbecher vorkommen. Der Standort gilt noch ein wenig als Geheimtipp und ist daher ein lohnenswertes Ziel.

Das Wolfstal bei Lauterach ist, was die üppige Märzenbecherblüte angeht, schon lange kein Geheimnis mehr. Hier strömen die Besucher mitunter in Massen hin, um sich vom Frühlingsspektakel verzaubern zu lassen. Nicht ganz so voll, aber satt an Blüten, ist es bei Bad Überkingen im Autal und im Rötelbachtal. Gleich an zwei Standorten überziehen entlang des Weges und auf

Naturschauspiel bei Bad Überlingen

großen, weitläufigen Teppichen im lichten Wald die Frühlingsblüher den Boden und schaffen eine Zauberwelt. Der Wald- und Wasser-Weg zeigt die Richtung und sorgt dafür, dass die Besucher auf den vorgegebenen Wegen bleiben.

In Emeringen, der kleinsten selbstständigen Gemeinde im Regierungsbezirk Tübingen mit seinen rund 135 Einwohnern bildet sich im Naturschutzgebiet am Nordhang der Felsentalhalde Frühjahr für Frühjahr ein wahres Blütenmeer auf einer Länge von rund 300 Metern. Der aufmerksame Gast entdeckt bei nahezu allen größeren Märzenbechervorkommen auch den zinnoberroten Kelchbecherling, eine vom Aussterben bedrohte Pilzart. Der schöne Pilz sollte nicht berührt werden, da dies bereits zum Absterben führen kann. Da auch die Märzenbecher, die zur Familie der Amaryllisgewächse zählen, besonders geschützt sind und laut der Roten Liste als gefährdet gelten, ist das Abpflücken, Ausgraben und Mitnehmen nach Hause ausnahmslos verboten.

Sagenhafte Geschichte – das Eselsburger Tal

Die wohl berühmtesten Felsnadeln der Alb sind die steinernen Jungfrauen im Eselsburger Tal bei Herbrechtingen. Eingebettet zwischen dem Wasser der Brenz und Wacholderheiden, Feuchtgebieten und Wald, erinnern sie an die Zeit der Ritter und ganz besonders an das schöne, aber stolze Burgfräulein auf der einst stattlichen Burg der Ritter »Esel von Eselsburg«.

Überlieferungen zur Folge war ihr kein Verehrer recht. Zuletzt hasste das Burgfräulein die Männerwelt abgrundtief und untersagte auch ihren jungen Dienerinnen jeglichen Kontakt zu Mannsbildern. Es kam jedoch, was kommen musste. Die jungen Frauen ignorierten das Verbot und bändelten mit den Fischern an. Das alternde Fräulein bekam Wind von der Liebelei und bestrafte die Mädchen mit den Worten: »Werdet zu Stein! Das ist eure Strafe für euren Ungehorsam!« Seitdem stehen sie als Felsen, als schlanke Felsnadeln am Fischweiher. Noch in derselben Nacht sorgte ein Blitzeinschlag für das lodernde Ende von Herrin und Burg.

Besucher des seit 1983 als Naturschutzgebiet ausgewiesenen Eselsburger Tals sind nicht nur von dieser Sage, sondern vor allem

Die steinernen Jungfrauen am Weg

von der Artenvielfalt und Schönheit dieser Region an der Brenz begeistert. Bei ausgeschilderten und meist ebenen Wanderungen erleben sie neben uralten wie markanten Felsformationen den Artenreichtum zu jeder Jahreszeit hautnah, beobachten bis zu 80 Vogelarten und ein Vielfaches mehr an Blütenpflanzen und Farnen.

Für Adrenalin und Muskelschmalz sorgen überdies die Kletter- und Boulderfelsen, die in verschiedenen Schwierigkeitsgraden bewältigt werden können. Zur Brutzeit seltener Vögel sind die Felsen allerdings zeitweise gesperrt. Einen guten Überblick über das Tal, besonders reizvoll in der Zeit der Märzenbecherblüte, bietet der erhöhte Aussichtspunkt bei der Ruine Falkenstein, der heutigen Domäne Falkenstein, wo auf dem historischen Gutshof gesunde Nahrungsmittel entstehen.

Ein Fluss taucht ab

Von rauschendem Wasser der 3000 Kilometer langen Donau ist zwischen Immendingen und dem Luftkurort Möhringen an bis zu 200 Tagen im Jahr weit und breit nichts zu sehen. Der Fluss ist in den Sommermonaten komplett verschwunden und hinterlässt einen trockenen und geschlängelten Weg aus Steinen. Im Flussbett stehen

Steinmännchen, wachsen Blumen, gedeihen Gräser, und wer Lust hat, kann darin wandern und nach Fossilien suchen. Nur noch ein paar flache Pfützen erinnern daran, dass hier einmal Wasser gewesen sein muss. Doch wo ist das ganze Wasser hin, in dem sich Fische tummelten, Boote fahren konnten und eine Überquerung ohne Brücke unmöglich war?

Was die Besucher im trockenen Flussbett verblüfft, ist ein weltweit einzigartiges Naturphänomen. Denn die Donau versickert im Sommer vollständig in zunächst kleine Risse und Klüften, Schlucklöcher, später in Spalten und Höhlen des Karstgesteins, um dann, 183 Höhenmeter tiefer und rund zwölf Kilometer Luftlinie entfernt, wieder zum Vorschein zu kommen. Durch den porösen Untergrund kann es in dieser Gegend auch so weit kommen, dass unterirdische größere Hohlräume einstürzen. Das Unfassbare ist jedoch, dass das Wasser nach etwa 60 Stunden, in denen es unterirdisch unterwegs ist, bei Deutschlands größter Quelle, dem Aachtopf, wieder auftaucht. Forscher haben schon gegen Ende des 19. Jahrhunderts den Weg des Wassers mit Färbeversuchen nachweisen können.

Von dort gelangt das Wasser dann über den kleinen Fluss Aach in den Bodensee, weiter in den Rhein und dann in die Nordsee. Infotafeln am Weg erklären das Naturschauspiel. Wer Lust auf einen längeren Spaziergang hat, geht auf dem Möhringer Donaupfad auf eine kleine Entdeckungsreise der Flussgeschichte. Die beste Zeit, das Schauspiel zu beobachten und trockenen Fußes und sogar ohne Gummistiefel durch das Flussbett zu schreiten, ist zwischen Mai und September. In den verbleibenden Monaten kann es nasse Füße geben. Die Hochwassermarken zeigen, dass die Winterdonau ein reißender Strom sein kann und mitunter mehr Wasser im Flussbett sprudelt, als den Menschen und Pflanzen lieb ist.

Zu Besuch bei der schönen Lau

Man kann sich fast nicht satt sehen am geheimnisvollen, blaugrün schimmernden Wasser des Blautopfes in Blaubeuren, aus dem das Flüsschen Blau entspringt. Zudem ist der Blautopf nach dem Aachtopf die größte Karstquelle Deutschlands. Um die Superlative zu ergänzen, kann die Blautopfhöhle mit einer erforschten Gesamt-

Blauer geht's nimmer – der Blautopf in Blaubeuren

länge von zehn Kilometern als größtes Höhlensystem der Schwäbischen Alb punkten. Das magisch wirkende Farbspektakel am Quelltopf gilt als Perle der Schwäbischen Alb, kommt ohne technische Hilfsmittel aus und ist nach längeren Regenpausen besonders intensiv.

Zunächst leitet das verzweigte Höhlensystem der Schwäbischen Alb das versickerte Regenwasser in den Untergrund und dann an die Karstquelle des Blautopfs ab. Von dort strömt es aus einer Tiefe von rund 20 Metern an die Oberfläche und sammelt sich im Topf. Je nach Witterung beträgt die Wasserschüttung zwischen 250 bis 32 670 Liter pro Sekunde. Laut Volksmund war es einst gar nicht so einfach, die Tiefe und damit das Fassungsvermögen des Blautopfs zu ermitteln. Eine Nixe hätte seinerzeit alle Versuche vereitelt, indem sie das Senkgewicht stahl.

Rund zwei Wochen Zeit benötigt das Wasser vom Quelltopf bis ins Schwarze Meer. Doch bevor es sich rauschend und sprudelnd auf die Reise macht, zieht es die Bewohner und Besucher von Blaubeuren mit seiner schillernden Schönheit in seinen Bann. Dazu rankt sich manch Geschichte um den Blautopf, unter anderem das Dichtermärchen von Eduard Mörike »Die Historie der schönen Lau«. Die Wassernixe erlernte am Blautopf das Lachen wieder. Eine Steinskulptur des Stuttgarter Bildhauers Fritz von Graevenitz erinnert an sie.

In rund zehn Minuten hat man den Quelltopf zu Fuß umrundet. Bänke laden auf dem Rundweg auf eine Pause mit schöner Aussicht ein, sei es auf die historische Hammerschmiede mit Wasserrad oder die Klosterkirche, die sich beide im mystisch blaugrünen Nass spiegeln. Infotafeln verraten mehr über das verzweigte Höhlensystem, die Stadt Blaubeuren, die aufgrund ihrer vielen kleinen Brücken auch als »Klein-Venedig« bezeichnet wird, und natürlich auch, warum das Wasser so blau ist.

Der Wächter der Alb

Wie ein Wächter steht der 775 Meter hohe Teckberg mit seiner mittelalterlichen Burg vor der Alb. Um 350 Meter überragt er die Gegend im Nordwesten. Beim Gelben Felsen, einem Schwammriff des Jurameers auf dem Teckberg, wurden Grabhügel der Kelten gefunden. Im Sibyllenloch, einer Höhle unter der Burg, entdeckte man Skelettreste aus der Eiszeit von Höhlenbär, -löwe oder -hyäne und Wildpferd. Der Teckberg beherbergt einen von etwa 350 bekannten Schloten des Schwäbisches Vulkans, der vor elf bis 17 Millionen Jahren die Landschaft formte, seither aber ruht. Die Vulkanforschung hat gezeigt, dass sich zu dieser Zeit die Alb nach Norden noch bis Stuttgart erstreckte.

Hervorgebracht hat der damalige Vulkanismus auch den als Böttinger Marmor bekannten Travertin, mit dem der Marmorsaal des Neuen Schlosses in Stuttgart getäfelt ist.

Die zehn 1000er auf der Alb

Übereinandergestapelt würden sie sogar den Mount Everest mit seinen 8848 Metern überragen: In der Region der zehn 1000er tummeln sich auf engstem Raum zehn der zwölf über 1000 Meter hohen Berge der Schwäbischen Alb – darunter auch der Lemberg, mit 1015,3 Metern der König des gesamten Mittelgebirges.

Etwa 20 Quadratkilometer groß ist das Gebiet um Deilingen, Wehingen und Gosheim am Westrand der Alb, in dem außer dem Lemberg (1015,3 m) auch der Oberhohenberg (1010,7 m), der Hochberg (1008,5 m), der Wandbühl (1006,7 m), der Rainen (1006,1 m), der Montschenloch (1004,4 m), der Bol (1002,3 m), der Hochwald

(1001,9 m), der Hummelsberg (1001,6 m) und der Kehlen (1001,3 m) stehen. Für den Laien sind die Gipfel allerdings schwer im Einzelnen zu identifizieren, da sie zusammen drei große Bergketten bilden. Einzig der 1001,6 Meter hohe äußerst markante Plettenberg und der genau 1000 Meter hohe Schafberg liegen etwa acht Kilometer abseits im Nordosten Richtung Balingen.

Auf dem Lemberg bietet ein 33 Meter hoher Turm an klaren Tagen eine Aussicht bis in die Alpen oder zumindest bis zum Stuttgarter Fernsehturm. Seinen Namen hat der höchste Berg der Schwäbischen Alb von den Kelten. Die siedelten zur Hallstattzeit im 8. bis 5. Jahrhundert vor Christus auf dem Berg. Noch heute sind auf dem Gipfelplateau, das einst teilweise terrassiert wurde, Mauern und Gräben der ehemaligen Befestigung zu erkennen. »Lem« bedeutet Morast oder Sumpf – ein Zeichen dafür, dass die Untere Bära am Bergfuß zu damaliger Zeit erheblich mehr Wasser schüttete als heute.

Wer dem Höchsten der Alb aufs Dach steigen will, kann dies in einer gemütlichen Dreiviertelstunde aus vom Wanderparkplatz bei Gosheim tun. Unglaubliche 900 Meter Strecke und 144 Höhenmeter sind dabei zu überwinden. Etwas mehr alpines Feeling – oder sagt man in diesem speziellen Fall albines? – hat man von Wilflingen her. Auf dieser Route sind es immerhin anderthalb Stunden Wanderung und 400 Höhenmeter – eine Sauerstoffmaske braucht man selbst da noch nicht, auch wenn es die letzte halbe Stunde auf einem schmalen Pfad eher steil hinaufgeht.

Wer's sportlich möchte, kann vom Lemberg aus auf einer knapp 25 Kilometer langen Runde sieben Tausender auf einen Streich machen.

Beschreibung der Runde »Sieben Tausender auf einen Streich« unter www.outdooractive.com

Europäische Wasserscheide

Ob sich an der Alb die Geister scheiden, sei dahingestellt – auf jeden Fall scheiden sich an der Alb die Wasser. Ein Schild an der Autobahn A8 bei Hohenstadt zwischen Stuttgart und Ulm weist unmissverständlich darauf hin: »Europäische Wasserscheide 785 m ü NN«.

Die zieht sich von den Alpen ins Allgäu, nördlich des Bodensees entlang in den Südschwarzwald hinein, um die Quellen von Brigach und Breg herum und nördlich der Donau über die Schwäbische Alb nach Osten. Und je nachdem, auf welcher Seite der Wasserscheide man ein Glas Wasser ausgießt, fließt es in den dunklen Kanälen des großen Karstgebirges entweder in den Atlantik oder ins Schwarze Meer. So wie die Donau. Größtenteils jedenfalls. Denn was wäre eine Regel ohne Ausnahme? Die Donauversinkung bei Immendingen führt nämlich dazu, dass Teile des versickerten Flusswassers doch noch in den Achtopf und von dort in den Rhein gelangen. Ein unterirdischer Seitenwechsel sozusagen.

Hier entscheidet das Wasser, wo es hinfließen will.

Auf dem Großen Heuberg bei Balgheim wurde der Rhein-Donau-Wasserscheide mit Unterstützung des Naturparks Obere Donau 2012 sogar ein Denkmal gesetzt. Auf einem Platz im Wald nördlich des Dreifaltigkeitsbergs weisen Infotafeln auf die Wasserscheide hin. Ein Stein aus Cannstatter Travertin steht für die Rhein-Seite. Das Einzugsgebiet der Donau wird durch einen Stein aus dem Riedlinger Steinbruch symbolisiert.

Vom Bahnhof Spaichingen führt eine knapp drei Kilometer lange Wanderung mit etwa 300 Höhenmetern zum Dreifaltigkeitsberg und zum Denkmal für die Europäische Wasserscheide. Dafür folgt man dem gelb beschilderten Main-Neckar-Rhein-Weg und dem Schwäbische Alb-Allgäu-Weg.

Für die sparsamen Schwaben ist die Wasserscheide auf der Alb natürlich eine rein theoretische Angelegenheit: Denn wer von ihnen würde schon freiwillig einfach so ein Glas Wasser ausleeren.

Und auch durch Königsbronn führt die Europäische Wasserscheide. Hier bietet sich beispielsweise ein Spaziergang zum Ursprung der Brenz an, deren Wasser Richtung Donau und Schwarzes Meer fließt, während der Kocher, der nur gut fünf Kilometer entfernt in Oberkochen entspringt, über den Rhein in die Nordsee fließt.

Höhlen auf der Alb

Gar karstig ist der Untergrund der Schwäbischen Alb, und entsprechend viele Höhlen gibt es, die das Wasser im Laufe der Jahrmillionen aus dem Kalkgestein gefressen hat. Über 2000 Höhlen sind bekannt, damit gehört das Karstgebirge zu den höhlenreichsten Regionen der Erde.

Die berühmteste und längste Höhle ist der Blautopf, der allerdings nur Experten, Forschern und Tauchern zugänglich ist. In zahlreichen Schauhöhlen können aber auch gewöhnliche Besucher einen Einblick in die Unterwelt nehmen.

Die Wimsener Höhle bei Hayingen ist die einzige mit dem Boot befahrbare Wasserhöhle Deutschlands. Urkundlich erwähnt wurde sie bereits 1447. Rund 70 Meter geht's mit dem Fährmann ins Erdinnere. Dabei heißt es auch das eine oder andere Mal: Kopf einziehen! Denn besonders hoch ist die Höhle nicht. Wo für Touristen Schluss ist, haben Höhlenkundler tauchend weitergeforscht und ab 1959 entdeckt, dass die Wimsener Höhle tatsächlich insgesamt 723 Meter lang ist. Im idyllischen Tal der Zwiefalter Ach, die in der Höhle entspringt, lässt es sich zudem wunderschön wandern, im Restaurant Rose am Ausgang der Höhle gut essen. 1995 wurden in der Höhle Tonscherben, Menschenknochen und Tropfsteine gefunden – ein Hinweis darauf, dass zu früheren Zeiten der Wasserstand deutlich niedriger gewesen sein muss.

Die Bärenhöhle bei Sonnenbühl-Erpfingen hatte bereits vor gut 20 000 Jahren ihre ersten Besucher: Nashörner, Höhlenlöwen und Bären. Knochenfunde zeugen davon, dass diese Tiere die rund 270 Meter lange Tropfsteinhöhle einst bewohnten. Vor rund 8000 Jahren machte sich dann der Mensch in der Tiefe breit – ehe die Höhle wieder in Vergessenheit geriet. Erst 1949 wurde der Zugang von der benachbarten Karlshöhle her bei der Fledermausbeobachtung wie-

Kopf einziehen heißt es je nach Wasserstand bei der Einfahrt in die Wimsener Höhle.

derentdeckt. Heute ist die Bärenhöhle die meistbesuchte Höhle auf der Alb.

Die Karlshöhle selbst wurde bereits 1834 entdeckt – und zwar durch Zufall. Dem Erpfinger Lehrer Fauth fiel beim Kräutersammeln die Tabakdose aus der Tasche und verschwand in einer Felsspalte. Bei der Suche stieß Fauth auf das Einstiegsloch – und dort zuerst einmal auf menschliche Skelette. Zu Zeiten der Pest wurden offensichtlich die Toten hier hineingeworfen.

Nicht weit entfernt in Sonnenbühl-Genkingen geht es in die Nebelhöhle mit ihren imposanten Tropfsteinen: 141 Stufen hinab in die Tiefe. Und während man die Bärenhöhle nur im Rahmen von Führungen besichtigen kann, kann man die Nebelhöhle auf eigene Faust erkunden.

Als eine der größten Hallenhöhlen der Alb ist auch der Hohle Fels bei Schelklingen, wo die berühmte Venus-Figur gefunden wurde, zu besichtigen.

Die Kolbinger Höhle bei Kolbingen ist mit die größte Schauhöhle auf der Südwestalb. 90 von ingesamt 230 Metern kommt man hinein. Bis zu 48 Meter ragen das Erdreich und der Fels hier über den Besuchern auf.

Die 200 Meter lange Linkenboldshöhle bei Onstmettingen, benannt nach einem sagenhaften Erdgeist, ist heute nur an speziellen Tagen oder auf Anfrage zu besichtigen, nachdem sie von 1876 bis 1974 bereits für die Öffentlichkeit zugänglich war. Damals wurde allerdings

Natürliche Alb

noch recht unsanft mit den Kunstwerken der Natur umgegangen: Abgeschlagene Tropfsteine zeugen davon. Um diesen Fehler nicht ein weiteres Mal zu machen, wurde der Zugang beschränkt.

Als einzigartig gilt die Olgahöhle bei Lichtenstein-Honau mit ihren Moostuffklotzen und Kalktuffkalotten. Entdeckt wurden die bizarren Gesteinsformationen 1874. Ihren Namen hat die Höhle von der einstigen württembergischen Königin Olga.

Als älteste Schauhöhle Deutschlands gilt die Sontheimer Höhle bei Heroldstatt, in der Archäologen Mitte der 1970er-Jahre Gräber aus frühalemannischer und keltischer Zeit gefunden haben.

Die Tiefenhöhle bei Laichingen schließlich ist die einzig begehbare Schachthöhle Deutschlands. Rund 330 Meter der gut 1,2 Kilometer langen Höhle kann man besichtigen. Über enge Treppen geht es bis zu 55 Meter in die Erde hinein. Etwa 80 Meter tief ist die Karsthöhle insgesamt. Angeschlossen ist ein Museum.

Einen Überblick über die Schauhöhlen, Öffnungszeiten und Führungen findet sich unter www.schwaebischealb.de

Nördlinger Ries

Am Ostrand der Alb liegt das Nördlinger Ries, kreisrund und mit einem Durchmesser von gut 20 Kilometern, 100 bis 150 Meter tief. Entstanden ist dieser Krater in der Schwäbisch-Fränkischen Alb vor rund 14,6 Millionen Jahren durch einen gewaltigen Meteoriten-

Der Blick vom Ipf aufs Nördlinger Ries lässt den Meteoriteneinschlag erahnen.

einschlag, der heute das Ries-Ereignis genannt wird. Ein kleineres Anhängsel des Asteroiden hat beim Einschlag wohl auch das rund 40 Kilometer südlich gelegene Steinheimer Becken erschaffen.

Mit etwa 72 000 Stundenkilometern muss der Brocken mit einem Durchmesser von rund anderthalb Kilometern auf der Erde eingeschlagen haben. Dabei wurden unvorstellbare Energien frei: Unter immensem Druck bei Temperaturen von 30 000 Grad Celsius verdampften Steine und Erde, Sand wurde zu Glas geschmolzen. Sämtliches Leben innerhalb von 100 Kilometern dürfte binnen Sekunden erloschen sein. Der Einschlag war rein rechnerisch mit mindestens 40 Dezibel auf der ganzen (!) Erde zu hören.

Nachgewiesen wurde die Einschlagstheorie von Forschern im Jahr 1960 vor allem auch durch Gesteinsuntersuchungen. Seither zählt das Nördlinger Ries weltweit nicht nur zu den am besten erhaltenen, sondern auch zu den am besten erforschten Impaktkratern. Selbst die Astronauten der Apollo-14-Mission absolvierten hier vor ihrer Mondlandung ein geologisches Training.

Vom Boden des Nördlinger Ries aus betrachtet sieht der Kraterrand wie ein bewaldeter Ring am Horizont aus. Markant ist auch der innere Ring, eine Hügelkette, zu der unter anderem die Marienhöhe bei Nördlingen, der Wallersteiner Felsen und der Wennenberg bei Alerheim gehören. Bereits in der Frühgeschichte und auch in römischer Zeit war das Ries – dessen Name im Übrigen von der römischen Provinz Raetia abstammt, die man hier von Westen her betreten hat – bereits relativ dicht besiedelt, wie zahlreiche Funde belegen.

TECHNISCHE ALB

Alles im Gleichgewicht

Der Balinger Waagenhersteller Bizerba konnte 1928 mit seinen damals rund 800 Mitarbeitern von sich sagen, die »größte deutsche Wagenfabrik« zu sein. Seit Generationen ist das Thema Gewicht mit dem Namen Bizerba eng verwoben. Los ging es freilich schon viel früher und zudem etwas kleiner. Um genau zu sein 1866, als der Schlosser Andreas Bizer eine mechanische Werkstatt zur Herstellung von Balken- und Tafelwaagen gründete und gleich mit dem Bau einer Brückenwaage beauftragt wurde. Jene Stadtwaage ist im Museum für Waage und Gewicht im Balinger Zollernschloss ausgestellt.

1871 wurde das metrische Maß- und Gewichtssystem eingeführt. 1906 verkaufte Andreas Bizer die Firma an seinen Schwiegersohn Wilhelm Kraut junior, der für die erste Neigungsschaltgewichtswaage der Welt verantwortlich zeichnete. Fortan entwickelte und fertigte der Waagenhersteller Industriegroßwaagen, beschäftigte sich mit Post- und Paketwaagen und brachte 1949 die erste Zählwaage für Massenteile auf den Markt. 1951 sorgte die weltweit erste optisch-preisanzeigende Ladenwaage für Furore und löste letztlich die mechanischen Waagen ab.

Die geeichten und äußerst genauen Neuentwicklungen rissen nicht ab und bescherten der Industrie, dem Handwerk und Handel immer noch ausgeklügeltere und präzisere Anlagen aus der Waagenstadt Balingen. Hierzu zählte für die Verbraucher die allseits bekannte und immer noch aktuelle Kombination einer Waage mit einem Etikettendrucker, um Obst oder Gemüse im Supermarkt zu wiegen und zu etikettieren.

Im Trend standen Vollelektronik- oder Präzisionswaagen, später folgten Lösungen rund um die Touchscreen-Systeme. Aktuell beschäftigt die immer wichtiger werdende Digitalisierung rund um die Schneide- und Wägetechnologie das Technologieunternehmen, welches in nun fünfter Generation familiengeführt ist und 1900 Mitarbeiter beschäftigt. Weit mehr über die Entwicklung der Wägetechnik und den größten Balinger Industriebetrieb, die Firma Bizerba, gibt es im Waagenmuseum im Zollernschloss in Balingen zu sehen. Bei einer Technik-Zeitreise mit rund 400 Ausstellungsstücken aus der Entwicklung der Wägetechnik, einer Waagenbauerwerkstatt und manch einer Anekdote und Geschichte rund um die Wiegerei hat Langeweile keine Chance.

Einzigartiges zur Entwicklung der Wägetechnik im Waagenmuseum

Waagenmuseum, Zollernschloss, Schlossstr. 6, 72336 Balingen, www.waagenmuseum-balingen.de

Ein Erfinder sondergleichen

Gleich mit drei beachtlichen Entdeckungen und jeder Menge weiterer interessanter Wahrnehmungen kann der im Jahr 1799 in Metzingen im Herzogtum Württemberg geborene Christian Friedrich Schönbein aufwarten. Der Chemiker und Physiker aus einer pietistisch geprägten Familie fiel schon in der Schule als Naturtalent auf und forschte später in viele Richtungen und alles intensiv.

So stellte er 1839 eine einfache Brennstoffzelle her, indem er Platindrähte mit Salzsäure und Wasserstoff beziehungsweise Sauerstoff umspülte und eine elektrische Spannung bemerkte. Er wandelte damit chemische in elektrische Energie um. Seine Erkenntnis mit der Energiequelle der Zukunft beschäftigt heute mehr denn je die Autoindustrie.

Kurz danach stieß er aufgrund eines merkwürdigen Geruchs bei anderen Experimenten auf eine bis dahin unbekannte stoffliche Substanz, die den Namen Ozon, das griechische Wort für »das Riechende«, bekam. Mit der Schießbaumwolle (Cellulosenitrat), dem rauchlosen und äußerst explosiven Pulver, machte er im Jahr 1846 erneut auf sich aufmerksam. Denn dieser Stoff, der durch Umsetzung von Salpetersäure mit Baumwolle entstand, eignete sich als Ersatz für Schießpulver und galt als Grundlage für die nachfolgende Erfindung der Kunststoffverbindung Zelluloid. Sie war zudem leichter entzündlich als das Schwarzpulver.

Schönbein war auch der Mann, der den Begriff der Geochemie prägte, eine naturwissenschaftliche Fachrichtung, die Geologie und Chemie verbindet und sich mit Gesteinen, Mineralien oder der Erdatmosphäre beschäftigt. Um 1863 entwickelte er einen Test zum Nachweis von Blut, hinterfragte die roten Blutkörperchen, den Urin sowie Pilze und wollte zudem wissen, wie Lebensmittel gegen Verderben geschützt werden können, und probierte sich an deren Haltbarmachung. Der Ausnahmeforscher verstarb 1868 in Baden-Baden.

Ein Pflästerle aus Heidenheim

Von Pflaster redet natürlich kein Experte aus dem Wundmanagement, wenn es um die Erfindung des geradezu revolutionären sterilen Wundverbands geht.

Wer sich seinerzeit im 19. Jahrhundert einer Wundbehandlung unterziehen musste, hatte meist das Nachsehen: Wundbrand und häufige Verbandswechsel mit in der Wunde verklebten Verbandstoffen waren an der Tagesordnung und zogen im besten Fall das eh schon große Leiden der Patienten unnötig in die Länge. So lange, bis in der Heidenheimer Verbandstofffabrik von Paul Hartmann ab 1874 antiseptische Wundverbände hergestellt werden konnten. Dies waren besonders saugfähige Verbände, die zudem Keime reduzierten und bekämpften.

Die Hartmanngruppe selbst hat ihren Ursprung im Jahr 1818, als der in Stuttgart geborene Unternehmensgründer Ludwig von Hartmann in Heidenheim eine Spinnerei erwarb und sein Geld zunächst mit der Produktion von Kappen, Strümpfen und Schnupftüchern verdiente. Er vermachte sein Werk aus Weißbleiche, Spinnerei und Baumwollspinnerei seinen drei Söhnen, verbunden mit dem Wunsch, »dass die Etablissements ungetrennt beisammen bleiben«. Spross Paul Hartmann, der für die Baumwollspinnerei verantwortlich war, folgte jedoch seiner eigenen Vision. Er nutzte sein Wissen und seine Erfahrung und gründete ein eigenes Unternehmen. Zusammen mit zwei Partnern, dem englischen Chirurgen Sir Joseph Lister und Victor von Bruns, der ein Verfahren entwickelte, Baumwollwatte zu entfetten, baute er eine Verbandstofffabrik auf, die von sich reden machte. Schnell erkannte das Trio, dass Wundinfektionen durch Mikroorganismen in der Luft verursacht wurden. Sie fanden in Karbolsäure ein geeignetes Desinfektionsmittel. Später entwickelten sie daraus die kostengünstigere »Carbolgaze«.

Von Bruns steuerte seinen Teil dazu bei, indem er die Voraussetzung für saugfähige Baumwollwatte schuf, die wiederum Paul Hartmann produzierte. Die Patienten profitierten in mehrfacher Hinsicht vom erfinderischen Trio: Die Wundbehandlung verbesserte sich für sie ganz entscheidend. Bis heute tüftelt die Hartmannbelegschaft des Weltkonzerns an immer neuen Lösungen in der Gesundheitsvorsorge mit den Schwerpunkten Operationsmanagement, Wundbehandlung, Diagnostik und Erste Hilfe, Inkontinenz und Desinfektion und stellt sich dabei den immer neuen Herausforderungen im Gesundheitswesen. Dass aus einem schwäbischen Textilbetrieb aus Heidenheim an der Brenz einmal ein führender Anbieter von Medizin- und Hygieneprodukten werden sollte, hat sich vermutlich keiner der Hartmanns ausmalen können.

Licht und Sicht im Körperinneren

In den menschlichen Körper hineinzuschauen und das Gesehene in scharfen Bildern zu dokumentieren, ohne den Körper vorher zu öffnen, ist gar nicht so einfach, heute aber gang und gäbe. Wer als Mediziner das Körperinnere sehen oder nach dem Prinzip der Schlüssellochchirurgie operieren möchte, ist deshalb auf Endoskope mit hellstem Licht und brillanter Sicht angewiesen. Genau hier setzte der gelernte Chirurgie-Instrumentenmacher, Unternehmer und Erfinder Karl Storz, geboren am 31. März 1911, aus Tuttlingen an der jungen Donau an. Fasziniert von der Medizintechnik, stellte er sich selbst der Herausforderung, zunächst die »Endoskopische Beleuchtung« zu verbessern, die einst aus schwach leuchtenden und zudem warm werdenden Miniaturlämpchen bestand, die sich direkt am Instrument befanden. Der Durchbruch gelang ihm nach einigen Versuchen 1960 mit dem Einsatz von flexiblen Glasfasern, die sich sehr gut zur Lichtleitung von der Lichtquelle bis an das Ende des Endoskops im dunklen Körperinneren eigneten. Mit seiner neuen Kaltlichtquelle konnte er das Licht flexibel steuern, es bedarfsorientiert mal heller oder dunkler machen und auch über einen längeren Zeitraum nutzen.

Nun war zwar die Ausleuchtung optimal, es haperte aber noch an der Sicht. Karl Storz tüftelte fortan an der endoskopischen Bildübertragung und setzte erfolgreich die Stablinsenoptik ein. Später folgten mit der Foto-, Film- und Videotechnik weitere Herausforderungen, denen er sich nur zu gerne stellte. Seinen Impulsen, seiner Hartnäckigkeit und seinem Drang, Antworten auf Fragen zu bekommen, die sowohl Mediziner als auch Patienten zufrieden stellten, ist es zu verdanken, dass heute Endoskope in allen medizinischen Disziplinen von Kopf bis Fuß eingesetzt werden.

Revolution mit Dampf in der Küche

Geislingen an der Steige ist die Heimat von WMF, jener Firma, die 1853 als Metallwarenfabrik »Straub & Schweizer« für versilbertes Geschirr und Besteck gegründet wurde und 1880 mit der Esslinger Metallwarenfabrik Ritter & Co zur Württembergischen Metallwarenfabrik AG (WMF) fusionierte.

Die vielfältigen Haushaltshelfer zum Kochen, Zubereiten und Genießen aus dem Hause WMF, zu denen zwischenzeitlich auch Silit und Kaiser gehören, sind vermutlich in jedem Haushalt zu finden. Ein Paukenschlag von der Alb erfolgte 1927 mit der Erfindung und Herstellung des ersten Dampfkochtopfs Sicomatic, kurz Siko, aus dem Hause Silit in Riedlingen.

Der Name der unter Dampf stehenden Neuigkeit setzt sich aus den Worten Sicherheit, Kochtopf und automatisch zusammen und ist heute noch der landläufige Begriff für Schnellkochtopf. Die Hausfrauenherzen schlugen jedenfalls höher. Fortan konnten sie mit dem neuen Topf schonend und vor allem schneller kochen und garen.

Anfangs stand die Funktionalität des etwas sperrig daherkommenden Topfes im Fokus. Der Sicomatic bekam 1953 sein Mittelventil, 1965 wurde er mitsamt Dekor bunt. Mit dem Kochregler im Griff war 1975 mit dem Sicomatic-S eine neue Dimension angebrochen.

Garen unter Druck ist immer noch aktuell.

Noch heute sind die Schnellkochtöpfe mit immer neuen Designs, besseren Materialien, der einfachen Handhabung und diversem Zubehör voll im Trend. Drei Jahre nach der Erfindung des Sikos folgte bei WMF die Eintragung von Cromargan als Handelsmarke. Bei diesem Edelstahl für Kochgeschirre und Bestecke steht Crom für den hohen Chromanteil und Argan für das silberähnliche Aussehen. Das Material ist zudem säurefest, nicht rostend, geschmacksneutral, pflegeleicht, spülmaschinenfest und von nahezu unbegrenzter Haltbarkeit.

Zwischenzeitlich verwenden weltweit täglich mehrere 100 Millionen Menschen Produkte der WMF-Group. Das Traditionsunternehmen als führender Premiumhersteller von Besteck-, Tisch- und Küchenprodukten für den Haus- und Gastronomiebereich sowie Kaffeevollautomaten für den professionellen Einsatz hat sich auf die Löffel geschrieben, durch ausgezeichnetes Design, perfekte Funktionalität und beste Qualität Freude auf ein kulinarisches Erlebnis zu machen.

Kässbohrer und der PistenBully

Es ist wohl der Traum eines jeden Skifahrers, mal in einer Pistenraupe mitzufahren. In einem der technischen Meisterwerke bei Nacht im Licht der Scheinwerfer die steilen Hänge hinauf und hinunter. Die Chancen stehen gut, dass man dabei in Skigebieten weltweit in ein Fahrzeug von der Schwäbischen Alb steigt. Aus Laupheim nämlich kommt der Weltmarktführer in Sachen Pistenpräparierung: Kässbohrer.

Bereits 2014 wurde der 20 000ste PistenBully in den Dienst gestellt. Der allererste ging im Dezember 1969 auf Probefahrt und kurz darauf in Serie. Die Idee dazu hatte der damalige Firmenchef Karl Kässbohrer, den es in seiner Freizeit regelmäßig in die Berge zog. Auf der Seiser Alm beobachtete er die mühsame Arbeit mit Pistenwalzen, die damals hauptsächlich noch auf behelfsmäßigen Umbauten oder Eigenkonstruktionen basierten. Binnen zwölf Monaten ließ er in seinem Unternehmen eine bessere Lösung entwickeln.

Als »Vater des PistenBullys« gilt Konstrukteur Walter Haug. Seinen Namen bekam das Fahrzeug Berichten zufolge vom Firmenchef höchstselbst verpasst, nachdem ein Motorjournalist das »Sonderfahrzeug K 801« – offensichtlich zu Kässbohrers Missfallen – als »neue motorisierte Bergziege« bezeichnet hatte.

Motorisierter Alleskönner im Schnee

Eine echte Erfolgsgeschichte also – dabei ging die erste Erfindung von Georg Kässbohrer im wahrsten Sinne des Wortes noch den Bach runter, genauer, die Donau: Als Spross einer Schiffsbauerfamilie konstruierte er die »Ulmer Schachtel«, eine Art Einweg-Schiff, mit dem Waren, aber auch Passagiere flussabwärts Richtung Wien transportiert werden konnten. Dort wurden die Schiffe auch gleich wieder zerlegt und wiederverwertet, weil ein Rücktransport zu aufwendig gewesen wäre. Sein Sohn Karl Heinrich Kässbohrer, ein Wagnermeister, stieg dann vom Wasser aufs Land um. Er gründete 1893 in Ulm die »Wagenfabrik Kässbohrer« und legte den Grundstein für das erfolgreiche Familienunternehmen, das sich heute zur Kässbohrer Geländefahrzeug AG entwickelt hat.

Einen weltweiten Bekanntheitsschub bekam das Unternehmen 1972, als ein Kässbohrer-Team mit sechs PistenBullys bei den elften Olympischen Winterspielen in Sapporo am Start war, um die Hänge für die Spitzensportler zu präparieren. Inzwischen sind die Schneefahrzeuge aus Laupheim sogar in der Antarktis im Einsatz. Der Klimawandel macht allerdings auch vor dem Unternehmen nicht Halt. Weil Schnee teilweise zur Mangelware in den Skigebieten wird, gilt es, schonend mit dem weißen Glück umzugehen. Kässbohrer bietet deshalb ein Schulungskonzept für ressourcenschonendes Pistenmanagement und ein satellitengestütztes System zur Schneetiefenmessung und zur Flottensteuerung in den Skigebieten. So können die bis zu 500 PS starken roten Riesen mit ihren drei bis vier Meter breiten Räumschilden und ihren Fräsen, Walzen oder Glättbrettern am Heck den Schnee oder Kunstschnee optimal verteilen und die Hänge und Funparks so präparieren, dass sie möglichst lange dem Ansturm der Skifahrer und Snowboarder standhalten. Und auch wenn sie selbst tonnenschwer sind, bringen sie durch ihre 1,50 Meter breiten, markanten Ketten weniger Druck pro Quadratzentimeter auf den Boden als ein Fußgänger und schonen so den Untergrund.

Wird's dann doch mal zu steil für die geländegängigen Alleskönner, kommt eine Kässbohrer-Erfindung zum Einsatz: die Windenmaschine. Einmal oben eingeklinkt, kann sich der PistenBully mit der Winde an seinem ein- oder sogar eineinhalb Kilometer langen Stahlseil auch die schwärzeste Piste hinunter abseilen, um sie zu präparieren.

Magirus-Feuerwehrleitern – mit Sicherheit hoch hinaus

Wenn's mal brenzlig wird, vertrauen Feuerwehrleute auf der ganzen Welt auf eine Erfindung von der Alb: die fahrbare Drehleiter. Mit ihr werden Menschen aus brennenden Häusern gerettet, mit ihr lassen sich die Flammen effektiv von oben her löschen.

14 Meter hoch war die erste fahrbare Feuerleiter, die Conrad Dietrich Magirus 1872 entwickelt hat. Im Jahr darauf stellte der Gründer und erste Kommandant der Freiwilligen Feuerwehr Ulm seine Erfindung bei der Weltausstellung in Wien vor und bekam dafür eine Goldmedaille. Das Revolutionäre daran: Vorher mussten die Leitern immer irgendwo angelehnt werden. Magirus' Erfindung konnte freistehend bestiegen werden, was die Arbeit der Retter viel flexibler und effektiver machte.

1866 hatte der Geschäftsmann sein eigenes Unternehmen gegründet unter dem Namen »Feuerwehr-Requisiten-Fabrik C. D. Magirus«. An der Ulmer Promenade Nr. 17 produzierte er Leitern und Feuerspritzen. Seitdem hat sich die Firma zum weltgrößten Hersteller von Drehleitern entwickelt und dabei immer neue Rekorde im Bereich der Feuerwehr-Technik aufgestellt.

Die erste Magirus-Feuerwehr-Drehleiter mit 25 Metern Steighöhe von 1892 wurde noch von Pferden gezogen. 1903 kam die erste selbstfahrende Dampffeuerspritze auf den Markt. 1904 baute Magirus das erste Fahrzeug, bei dem die Leiter durch den Fahrzeugmotor – damals noch eine Dampfmaschine mit petroleumgeheiztem Kessel – ausgefahren werden konnte. Nach dem Zusammenschluss mit einem Motorenhersteller stellte das Unternehmen als Magirus-Deutz einen neuen Weltrekord auf und präsentierte bei der Internationalen Automobil Ausstellung IAA 1951 eine Drehleiter mit einer Steighöhe von 52 plus zwei Metern.

Und heute? Lässt das Ulmer Unternehmen in Sachen Weiterentwicklung immer noch nichts anbrennen! 2018 wurde die bis dahin höchste Drehleiter der Welt in Seoul an die dortige Feuerwehr übergeben: die M68L. In der Hauptstadt Südkoreas können damit nun Menschen im Katastrophenfall aus bis zu 68 Metern Höhe aus den Hochhausriesen gerettet werden.

Gut, für den 161 Meter hohen Turm des Ulmer Münsters würde das immer noch nicht ganz reichen – auch wenn der höchste Kirch-

Die Magirus Kraftfahrleiter 26 von 1942

turm der Welt lange Jahre auf dem Kühlergrill der Magirus-Fahrzeuge prangte. Inzwischen wurde das weltbekannte Logo mit dem stilisierten »M« aber durch ein moderneres ersetzt.

Zündapp-Museum

Nein, der legendäre Motorradhersteller Zündapp stammt ausnahmsweise mal nicht von der Alb, sondern hat seine Wurzeln im fränkischen Nürnberg. Trotzdem steht nicht dort, sondern in Sigmaringen das weltgrößte Zündapp-Museum. Die Sammlung umfasst mehr als 100 Ausstellungsstücke der Marke und gilt als einzigartig. 2008 wurde das Museum in der ehemaligen Flaschenabfüllerei der Brauerei Zoller-Hof eröffnet.

Die Basis bildete die Sammlung von Adolf Mattes aus Königsheim im Kreis Tuttlingen, der über 50 Jahre lang die wichtigsten Stücke zusammengetragen hat. So ist fast beieinander, was die Firmengeschichte von 1917 bis 1984 herausgegeben hat – von Motorrädern über Nähmaschinen, Rasenmäher, Außenborder, Stromaggregate

Technische Alb

Im Zündapp-Museum gibt es allerlei Motorisiertes zu sehen. und Flugmotoren bis hin zum Kleinwagen »Janus«, der ab Mitte der 1950er-Jahre rund 6000 Mal gebaut wurde.

Kernstücke der Ausstellung sind aber das erste Zündapp-Motorrad von 1921 sowie ein hervorragend erhaltenes »Wehrmachtsgespann« aus dem Zweiten Weltkrieg.

Schnell entwickelte sich das Museum zu einem Mekka der Motorradfreunde. Denn noch heute gibt es eine treue Fangemeinde, die nach wie vor mit den Oldtimern der einstigen »Zünder- und Apparatebau GmbH« auf den Straßen unterwegs ist. 200 000 Motorräder hatte Zündapp schon von 1921 bis 1938 gefertigt. So steil es in der frühen Firmengeschichte bergauf ging, so steil ging es Mitte der 1980er-Jahre begab, weil wichtige technische Weiterentwicklungen verschlafen wurden.

Öffnungszeiten und weitere Infos zum Museum in Sigmaringen unter www.zuendappmuseum.de

WELTBERÜHMTE ALB

Ein Feinmechaniker macht mit dem zündenden Funken Karriere

Mit dem 1861 in Albeck bei Ulm geborenen Robert Bosch erblickte ein großer Erfinder, Ingenieur und Industrieller das Licht der Welt.

Nach seiner Lehre zum Feinmechaniker und beruflichen Stationen in den USA, England und Deutschland eröffnete Bosch 1886 in Stuttgart zunächst seine »Werkstätte für Feinmechanik und Elektrotechnik«. Mit dieser Werkstatt legte er den Grundstein für die heutige Robert Bosch GmbH. Die ersten beruflichen Jahre waren derweil von Höhen und Tiefen geprägt. Bosch erledigte feinmechanische und elektrotechnische Arbeiten wie Installationen von Telefonanlagen oder elektrischen Klingeln. Seinerzeit baute er ebenso an einer verbesserten Version des Magnetzünders für Gasmotoren und an dem Hochspannungs-Magnetzünder für Benzinmotoren. Fortan waren elektrisches Zubehör für die Autoindustrie wie Anlasser, Lichtmaschinen und Hupen für die positive Entwicklung der Firma mitverantwortlich.

Robert Bosch im Alter von 27 Jahren

Im Jahr 1917 blickte Robert Bosch auf 7000 Beschäftigte. Er wandelte sein Unternehmen in eine Aktiengesellschaft um, übernahm den Aufsichtsratsvorsitz und erweiterte seine Produktpalette um Einspritzpumpen für Dieselmotoren, später Kühlschränken, Radios und Elektrowerkzeugen. 1937 wandelte Bosch seinen Konzern in eine GmbH um und zog sich weitgehend aus der mächtig gewordenen Firma zurück.

Robert Bosch war nicht nur ein erfolgreicher Industrieller, sondern auch Wohltäter. Er spendete großzügig für wohltätige Zwecke, etwa für Alte und Hinterbliebene, Kinder-, Jugend- und Kriegswaisen. Das seit 1936 in Stuttgart verortete Robert-Bosch-Krankenhaus ist seinerzeit auch aus Mitteln von Robert Bosch entstanden, der als überzeugter Anhänger der Homöopathie galt und, wie es heißt, nie einen Arzt besuchte.

Im Jahr 1942 verstarb der Unternehmer und Tüftler in Stuttgart. Er liegt auf dem Waldfriedhof im Stuttgarter Stadtteil Degerloch begraben. Das Unternehmen selbst ist heute international führend und beschäftigt weltweit 402 000 Mitarbeiter. Im Fokus stehen Lösungen für das vernetzte Leben sowie eine verbesserte Lebensqualität der Menschen.

Mit dem Knopf im Ohr auf Erfolgskurs

Es ist die Geschichte einer energischen jungen Frau und eines außergewöhnlichen Unternehmers – die von Margarete und Richard Steiff. Und es ist die Geschichte von Kinderträumen und dem Freund fürs Leben mit dem Knopf im Ohr.

Margarete, die Gründerin der Margarete Steiff GmbH im Jahr 1880, wurde 1847 in Giengen an der Brenz geboren und erkrankte, 18 Monate alt, an Kinderlähmung. Fortan erkämpfte sich das lebenslustige Mädchen seinen Platz in der Gesellschaft, schloss eine Schneiderlehre ab und verdiente sich ihr Geld mit Näharbeiten, dem Verkauf von selbstangefertigten Kleidungsstücken und Haushaltsartikeln. 1879 sah Steiff in einem Modejournal das Schnittmuster für einen kleinen Elefanten, den sie als Nadelkissen nähte. Karriere machte ihr »Elefäntle« dann allerdings als Kinderspielzeug.

Ein lebenslanger Freund aus Plüsch

Margarete und ihre Näherinnen nähten weitere Stofftiere. Alsbald blickte die Unternehmerin auf ein vielfältiges Sortiment, welches sie auf der Leipziger Spielwarenmesse präsentierte. 1897 kam der kreative Lieblingsneffe von Margarete, Richard Steiff, ins Spiel oder besser gesagt, trat ins Unternehmen ein. Mit dabei hatte er Tierskizzen, auch die eines Bären. 1902 entwarf er den weltweit ersten Plüschbären mit beweglichen Armen und Beinen, den »Bär 55 PB«, ein kuschelweiches Exemplar in Mohairplüsch. Margarete war anfangs recht skeptisch, der Ur-Bär erschien ihr zu plump und war in der Ausführung zu teuer, sie ließ Richard jedoch gewähren. Der eroberte mit dem Teddybären die Welt.

Um die hochwertigen Produkte unverwechselbar zu machen und vor Nachahmern zu schützen, bekamen die Tiere ab 1904 das Markenzeichen, den »Steiff-Knopf im Ohr«, verpasst.

Rasant ging es in Giengen an der Brenz aufwärts. Alleine im Jahr 1907 verließen 973 999 Teddybären die Weltfirma auf der Alb. Nur zwei Jahre später verstarb Margarete im Alter von 61 Jahren an einer Lungenentzündung. Anlässlich des 100-jährigen Firmenjubiläums 1980 eröffnete das Steiff-Museum, ein Vorläufer des 2003 eröffneten und äußerst liebevoll gestalteten Erlebnismuseums »Die Welt von Steiff«. Dort kann man die beispiellose Erfolgsgeschichte der Weltfirma Steiff in allen Schritten nacherleben, die einst mit dem »Elefäntle« begann und mit der riesigen Bärenfamilie noch heute für Entzücken, leuchtende Augen, Sammlerleidenschaft und schier endlose Freundschaften sorgt. Richard Steiff, der Vater der knuffigen wie wertvollen Teddybären, verstarb 1939 an einer Herzerkrankung.

Steiff Museum, Margarete-Steiff-Platz 1, 89537 Giengen an der Brenz, www.steiff.com

Schmucke Herrenanzüge aus Metzingen

Freilich, wer heute nach Metzingen fährt, tut dies nicht mehr, um sich ausschließlich mit Herrenanzügen von Boss einzudecken. Heute gibt es in der Outlet-City und beim Lifestyle-Konzern wie Trendsetter Hugo Boss weit mehr zu entdecken.

In den 1950er-Jahren, die Weltwirtschaftskrise und der Zweite Weltkrieg waren überstanden, standen beim 1924 von Hugo Ferdinand Boss gegründeten Unternehmen zunächst die Auftragsarbeiten zu Herrenanzügen im Fokus. 1960 folgte die Serienproduktion der Anzüge. Sukzessiv formte sich das Unternehmen in den nachfolgenden Jahren zum internationalen Modekonzern. Stets im Blick die Herrenmode, die in den 1970er-Jahren mit schmalen Schultern und einreihigen Blazern mit Knöpfen daherkam.

1977 erfolgte der Eintrag der Marke BOSS ins Handelsregister. Parfüm und Brillen ergänzten alsbald das Angebot. Es kamen Schuhe, Lederaccessoires und Uhren sowie Golfwear dazu. Regelmäßig tauchte der Konzern als Sponsor im Bereich Sport und Kunst auf. Bis allerdings die erste Kollektion für Damen auf den Markt kam, die unter dem Namen HUGO eingeführt wurde, dauerte es bis ins Jahr 1998.

Die Nase vorne hatte das Unternehmen dann in Sachen Online-Shopping. 2008 eröffnete Hugo Boss einen ersten Online-Store in Großbritannien, weitere Shops für den elektronischen Handel folgten weltweit.

Der Bezug zur Wäsche wurde ihm in die Wiege gelegt: Der Firmengründer Hugo Ferdinand Boss, geboren 1885, war schon früh als Erbe des elterlichen Wäsche- und Aussteuergeschäfts in Metzingen vorgesehen. Bis zur Firmengründung 1924 ließ sein beruflicher Ehrgeiz allerdings zu wünschen übrig. Die kaufmännische Ausbildung beendete er nicht, aus dem Ersten Weltkrieg kehrte er ohne Beförderung heim. Mitte der 1930er-Jahre nutzte er einen Auftrag von Braunhemden für Werbezwecke und pries sich als »Parteiausrüster« an. Nach dem Eintritt in die NSDAP nähte er auch Parteiuniformen und rettete damit möglicherweise das Unternehmen. Um den Mangel an Arbeitskräften auszugleichen, beschäftigte die Kleiderfabrik während des Zweiten Weltkriegs 140 Zwangsarbeiter und 40 französische Kriegsgefangene. Hugo F. Boss musste sich einem Entnazifizierungsverfahren unterziehen und eine Geldstrafe bezahlen. Die Geschäftsleitung hat zwischenzeitlich die Konzernhistorie wissenschaftlich fundiert aufarbeiten lassen und ging 2011 mit den Ergebnissen an die Öffentlichkeit.

Zwischenzeitlich ist BOSS die bekannteste deutsche Modemarke. Der Konzern agiert weltweit in 127 Ländern und beschäftigt 14 000 Mitarbeiter.

Von den Blechspielwaren zum Technikerlebnis

Eine Eisenbahn am Schnürchen hinter sich herzuziehen, hat eine bestimmte Zeit seinen Reiz. Sehr viel mehr Spaß macht es aber, mit einer elektrischen Eisenbahn zu spielen. Zumal man deren Schienennetz, vorausgesetzt, man hat ausreichend Platz und Geldmittel zur Verfügung, schier unbegrenzt vom Gleisoval zu einer ganzen Anlage erweitern und mit allerlei Fahrzeugen, Loks und Zubehör ausschmücken kann.

Märklin in Göppingen nahm sich genau diese Idee vor und brachte bereits 1895 ein erstes elektrisch angetriebenes Modell auf den Markt – zu einer Zeit, als es in Göppingen am Firmenstandort noch gar kein Elektrizitätswerk gab. Das Unternehmen selbst entstand 1859 aus einem Flaschnerbetrieb. Produziert wurden einst Haushaltswaren, Mädchenspielzeug aus Blech und Puppenküchen.

Als der Firmengründer 1866 überraschend starb, hinterließ er drei Söhne und eine Frau. Letztere führte die Geschäfte fort. 1888 lösten zwei Brüder, Eugen und Karl, die Mutter ab und gründeten ihr Unternehmen Gebr. Märklin und Co. Schon bald folgte im Jahr 1891 die erste Blechlokomotive. Der Anfang in Sachen Modelleisenbahnträume war gemacht.

Seit über 100 Jahren ist Märklin weltweit vertreten.

Als pfiffig erwiesen sich zudem die Anstrengungen bei der Exportware. Denn die Brüder fertigten für die Märkte im Ausland spezielle Modelle nach dortigen Vorbildern und konnten damit punkten. Alsbald folgte die Spur I mit 48 Millimeter Abstand zwischen den Schienen, danach Spur II und III. Der Trend ging allerdings zu kleineren Modellen, weshalb noch eine Spur 0 mit 32 Millimeter Spurweite und 1935 H0 (Halb-Null) mit 16,5 Millimeter Spurweite die Stuben eroberte. Letztere gilt als die populärste Baugröße.

Die kleinste funktionsfähige europäische und durch Märklin eingeführte Modellbahngröße ist die Spur Z. Hier ist seit dem Jahr 1972 der Fahrspaß im Maßstab 1 : 220 filigran und auch auf kleinstem Raum möglich. Nach wie vor lässt Märklin die Herzen von Generationen höher schlagen und bedient als Marktführer Modelleisenbahnfreunde in aller Welt. Die haben derweil die Möglichkeit, ihre auch schon sehr alten und bestehenden Anlagen noch immer systematisch auszubauen und zu erweitern. Ein Technikerlebnis über Generationen.

Im Museum in Göppingen kann man die Geschichte nacherleben und sich im angrenzenden Store auch gleich mit Produkten eindecken. Das 3000 Quadratmeter große »Märklineum«, ein neues Firmenmuseum, soll rechtzeitig zum 200. Geburtstag von Firmengründer Theodor Friedrich Wilhelm Märklin der Öffentlichkeit zur Verfügung stehen.

Märklin Museum, Reutlinger Str. 2, 73037 Göppingen, www.maerklin.de

Musikalische Größe aus der Kleinstadt

Hohner in aller Hände: Von Trossingen aus hat Hohner den weltweiten Musikmarkt erobert. Stevie Wonder spielte ein Hohner-Clavinet bei seinem Welthit »Superstituous«, John Paul Jones haute bei Led Zeppelin auf einer Hohner-Elektroorgel in die Tasten.

Gegründet wurde das Trossinger Traditionsunternehmen 1857 von Matthias Hohner. Der Uhrmacher baute Mundharmonikas nach dem Vorbild des Trossingers Christian Messner, der bereits 1832 mit diesem Handwerk begonnen hatte. Was bei Hohner in der heimischen Stube begann, wuchs schnell. 1860 waren bereits 50 Menschen beschäftigt. Früh schon wurden die Instrumente über den großen Teich nach Amerika verschifft. Im Jahr 1900 arbeiteten dann bereits mehr als 1000 Angestellte für Hohner. Der Instrumentenbau wurde im Laufe der Zeit immer weiter ausgedehnt auf Handharmonikas, Saxophone, Orgeln und Gitarren. Mitte der 1950er-Jahre spezialisierte sich Hohner auf die Entwicklung elektronischer Musikinstrumente.

Der Musiker und Ingenieur Ernst Zacharias erfand in den 1960er-Jahren für Hohner zahlreiche elektromechanische Instrumente wie das Cembalet, das Pianet oder das Clavinet. Auch wenn mit diesen Namen vielleicht die wenigsten etwas anzufangen wissen – den Klang des Clavinets dürfte so ziemlich jeder Musikfreund weltweit kennen, ist es doch bei Tina Turners »Nutbush City Limits«, bei »Shine on you crazy diamond« von Pink Floyd oder auch bei Stücken der Red Hot Chili Peppers zu hören.

Das bekannteste Instrument, das Hohner erfunden hat, ist aber die Melodica – ein Klavier für die Hand zum Hineinblasen. Kinderleicht! Entsprechend oft gespielt und aus den Kinderzimmern dieser Welt – bei Geburtstags- oder Weihnachtsständchen tausendfach krächzend, quäkend, schräg gehört.

Am Instrument liegt's nicht! Das ist nämlich weit mehr als ein Kinderspielzeug. Was wahre Könner darauf zaubern, ist zum Beispiel bei »Kingston Town« von UB 40, bei »Everything counts« von Depeche Mode oder bei »Champagne Supernova« von Oasis zu hören. Und eine Band benannte sich sogar nach ihrem Markenzeichen, der Hohner-Melodica: Die »Hooters« aus Philadelphia, die ab Mitte der 1980er-Jahre die Rockwelt mit Hits wie »All you zombies«, »Johnny B.«, »Satellite« oder »500 Miles« eroberten.

Deutsches Harmonikamuseum, Hohnerstraße 4/1, 78647 Trossingen, www.harmonika-museum.de

Einzigartige Funde

Sie ist gerade mal sechs Zentimeter groß und nur 33 Gramm schwer – und trotzdem ist sie für Altertumsforscher die Allergrößte: die Venus vom Hohle Fels.

Im September 2008 wurde die Mammutelfenbein-Figur bei Ausgrabungen in der Karsthöhle Hohler Fels bei Schelklingen entdeckt. Die wissenschaftliche Untersuchung ergab, dass die Frauenfigur zwischen 35 000 und 40 000 Jahren alt sein muss – neben der Venus vom Galgenberg, die 1988 in Österreich gefunden wurde, zählt sie damit weltweit zu den ältesten Darstellungen des menschlichen Körpers.

Die Venus stammt aus der jungpaläontologischen Kultur des Aurignacien – einer Phase gegen Ende der Altsteinzeit, in der in Europa zwischen dem heutigen Frankreich und dem Schwarzen Meer die letzten Neandertaler noch neben den ersten modernen Menschen lebten. Die Höhle am Südfuß der Schwäbischen Alb wird seit 1977 von Archäologen der Universität Tübingen im Auftrag des Landesamts für Denkmalpflege untersucht. Seinen großen Fund machte das Team um Nicholas Conard etwa 20 Meter vom Höhleneingang entfernt. Ganz eng beieinander lagen insgesamt sechs Elfenbeinstücke, darunter die Fragmente der Venus, der nur der linke Arm samt Schulter fehlt. Drei Meter hatten sich die Wissenschaftler bis dahin vom heutigen Höhlenboden in die Tiefe gegraben.

Die Figur mit ihrem überdimensionierten Busen, dem üppigen Hintern und einem überdeutlichen Geschlechtsteil ist fein geschnitzt

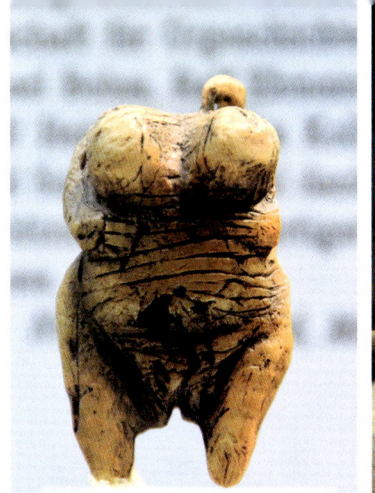
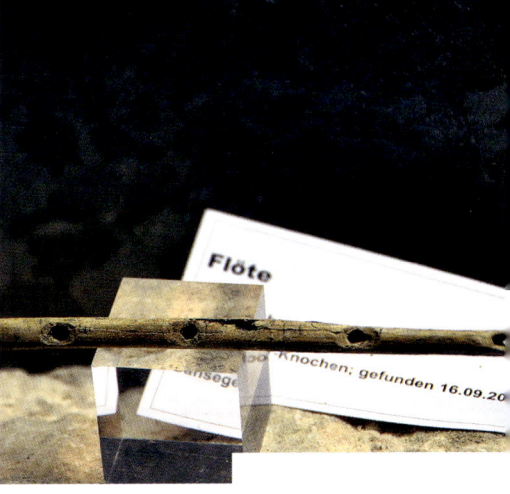

Urgeschichte zum Anschauen

und wurde wohl als Anhänger getragen, worauf eine Öse oben statt eines Kopfes hindeutet. Ob sie ein Fruchtbarkeitssymbol war? Wer sie gefertigt hat? Wirklich viel weiß man bis heute nicht über die Venus.

2017 hat die UNESCO zwei Talabschnitten der Flüsse Ach und Lone unter dem Titel »Höhlen und Eiszeitkunst im Schwäbischen Jura« den Status des Weltkulturerbes verliehen. In diesem Talabschnitt liegen die sechs Höhlen, in denen mehr als 50 der ältesten Artefakte menschlichen Kunstschaffens gefunden wurden. Dazu gehört neben der Venus vom Hohle Fels auch der Löwenmensch vom Hohlenstein-Stadel, wo bereits 1935 der Oberschenkelknochen eines Neandertalers – einzigartig in Süddeutschland – ausgegraben worden war. Tierfigurinen stammen aus der Vogelherdhöhle. In der Sirgensteinhöhle wurden Pfeil- und Geschossspitzen entdeckt, aus der Bocksteinhöhle stammt ein großes Keilmesser. In der Geißenklösterle-Höhle wurden die ältesten Musikinstrumente der Menschheitsgeschichte gefunden: 1995 entdeckten die Forscher dort eine rund 36 000 Jahre alte Knochenflöte. 2004 dann der nächste Sensationsfund: eine äußerst aufwendig gearbeitete, luxuriöse Flöte, geschnitzt aus Mammut-Elfenbein, die noch einmal etwa 1000 Jahre älter datiert wurde. In der Karsthöhle Hohler Fels wurde zudem eine ähnlich alte Flöte, gefertigt aus der Speiche eines Gänsegeiers, gefunden.

Urgeschichtliches Museum Blaubeuren, Kirchplatz 10,
89143 Blaubeuren, www.urmu.de

Urzeitfunde Holzmaden

Dort, wo die Alb bei Kirchheim unter Teck so langsam ausläuft, liegt der Anziehungspunkt für große und kleine Saurierfreunde: Holzmaden. Der Ort ist weltweit eine der bedeutendsten Fossilien-Lagerstätten. Im Posidonienschiefer, der hier zutage tritt, lagern 180 bis 190 Millionen Jahre alte Versteinerungen aus der Zeit des Unterjura. Unzählige Muscheln, Ammoniten, Seelilien, Fische und sogar Ichthyosaurier, Meereskrokodile oder Plesiosaurier wurden hier gefunden. Es bietet sich ein Blick in die Erdgeschichte, als die Schwäbische Alb noch ein Urwelt-Meer war.

Der Erste, der hier nach Fossilien gegraben und geforscht hat, war Bernhard Hauff, der 1866 in Holzmaden geboren wurde. Schon als Kind interessierte er sich für die Fossilien im Steinbruch seines Vaters, der hier aus dem Schiefer eigentlich Öl gewinnen wollte. 1883 präparierte Hauff erstmals in mühevoller Kleinarbeit einen 1,2 Meter langen Ichthyosaurier aus dem Gestein – einen Fischsaurier, der einem Delphin ähnelt. Dabei arbeitete er eng mit dem Naturkundemuseum in Stuttgart zusammen.

Steineklopfen für Entdecker und Neugierige

Weitere Ichthyosaurier fanden von Holzmaden ihren Weg in Sammlungen weltweit.

Bernhard Hauff – ein Verwandter des Schriftstellers Wilhelm Hauff, der der Schwäbischen Dichterschule angehörte – wurde 1912 Mitglied der weltweit anerkannten Paläontologischen Gesellschaft und 1921 zum Ehrendoktor der Universität Tübingen ernannt. 1936 baute er in seinem Heimatort das Urwelt-Museum Hauff. Seit 1979 ist die Gemeinde Teil eines Grabungsschutzgebiets. Die Fossilienfundstätte ist Kandidat für das UNESCO-Weltnaturerbe.

Das Museum zeigt heute die weltgrößte, versteinerte Seelilienkolonie mit 18 mal 6 Metern. Ausgestellt ist außerdem ein etwa vier Meter langer Ichthyosaurus – ein Muttertier, bei dem noch fünf Embryonen im Leib erkennbar sind. Zu sehen sind zudem Fotos und Dokumente von den Originalausgrabungen des Museumsgründers.

In einem Dinopark beim Museum sind zwischen Mammutbäumen und Schachtelhalmen lebensgroße Dinofiguren vom Diplodocus über den Stegosaurus bis hin zum Allosaurus zu sehen.

Nicht nur im Urweltsteinbruch Fischer, ebenfalls mit Museum, sondern vor allem im Steinbruch Kromer im 2,5 Kilometer entfernten Ohmden – wo heute noch Schiefer für die Produktion von Bodenplatten oder Tischen abgebaut wird – können Neugierige mit Hammer und Meißel selbst nach Fossilien graben. Zur großen Freude vor allem der Kinder wird man auch relativ schnell fündig. So ziert manch versteinerte Schnecke aus Holzmaden inzwischen die Terrassen oder Wohnzimmer der Republik.

www.urweltmuseum.de, www.urweltsteinbruch.de,
www.schieferbruch-kromer.de

GESCHICHTE UND GESCHICHTEN

Startschuss für die Landesgründung

Gäbe es die Burg Hohenneuffen nicht, gäbe es vielleicht Baden-Württemberg nicht. Denn dort, hoch auf einem Jurafelsen am Rande der Alb, wurde 1948 bei den Gesprächen der Dreiländerkonferenz der Startschuss gegeben für die Vereinigung der unter den amerikanischen und französischen Besatzern gegründeten Länder Württemberg-Baden, Württemberg-Hohenzollern und Baden. Tatsächlich gegründet wurde das Ländle im Südwesten aber erst 1952.

Gebaut wurde die Burg Hohenneuffen im Hochmittelalter um das Jahr 1100 auf dem 743 Meter hohen Berg über Neuffen, der schon zur Keltenzeit um 500 vor Christus besiedelt war. Die Anlage erwies sich als äußerst wehrhaft. In etlichen Kriegen widerstand sie den Angriffen. Im Dreißigjährigen Krieg etwa war eine 15-monatige Belagerung notwendig, ehe der Festungskommandant die Burg an die kaiserlichen Truppen übergab. Der Legende nach sollen die Burgleute versucht haben, die Belagerer zu täuschen, indem sie ihrem Esel ihr letztes Getreide gaben, ihn schlachteten und seinen gefüllten Magen über die Mauern warfen, um zu zeigen, wie reichhaltig ihre Vorräte noch sind. Historisch gedeckt ist das nicht – der Esel ist dennoch das Maskottchen der Stadt Neuffen geworden.

Pläne des württembergischen Herzogs Karl Alexander im 18. Jahrhundert, die Burg wieder aufzubauen, scheiterten. 1801 wurde die Ruine zum Abbruch freigegeben, 1830 begann man dann aber – zum Glück, aus heutiger Sicht – damit, die verbliebenen Reste der Burg zu sichern. Schon 1862 wurde in der Burg eine Gaststätte eingerichtet.

Heute ist in der Burgruine Hohenneuffen ein Restaurant untergebracht, das auch Rittermahlzeiten anbietet. Sehenswert sind die frei

Der Hohenneuffen im Abendlicht

zugänglichen Befestigungsanlagen, im Sommer zeigen Falkner ihre Künste.

Burg Hohenneuffen, 72639 Neuffen, www.hohenneuffen.de oder www.festungsruine-hohenneuffen.de

Bewegte Zeiten

Die Siedlungsgeschichte der Schwäbischen Alb ist eine bewegte – und sie hat der Region unter anderem das zweitlängste Bodendenkmal der Welt nach der Chinesischen Mauer hinterlassen: den 550 Kilometer langen Limes, der als UNESCO-Weltkulturerbe geschützt ist. Aber der Reihe nach …

Die Kelten | Zwischen 800 und 500 vor Christus besiedelten die Kelten die Alb. Schriftliche Überlieferungen gibt es von ihnen nicht, wohl aber unzählige Funde von ihren Siedlungen, Befestigungsanlagen und Hügelgräbern. Prachtvoller Schmuck und Waffen, die als Grabbeigaben dienten, wurden beispielsweise in den Fürstengräbern der Heuneburg bei Hundersingen gefunden. Die Heuneburg entstand

Geschichte und Geschichten 149

in der Hallstattzeit vor rund 2600 Jahren und gilt als älteste keltische Stadt mit massiven Lehmbauwerken nördlich der Alpen. Noch heute sind in dem Waldgebiet die Wälle und Gräben zu entdecken, die einst die Burg umgaben. Für ein Freilichtmuseum wurden Wehrmauer, Werkstätten und ein Wohnhaus rekonstruiert.

Der Heidengraben bei Grabenstetten gilt als die größte keltische Festungsanlage Deutschlands – und eine der größten in ganz Europa. Siedlungskeramik, Glasschmuck, Amphorenstücke und Münzen wurden in diesem »Oppidum« gefunden. Zu sehen sind sie im Keltenmuseum Grabenstetten.

Auf dem Ihnberg bei Pfahlheim liegt ein frei zugänglicher Fels mit etwa 30 Grabhügeln aus der Hallstattzeit. Fundstücke wie Keramiken, ein Schwert oder Bronzeschmuck sind in Museen in Tübingen, Stuttgart und Berlin ausgestellt.

Auf dem Gipfelplateau des 668 Meter hohen Ipf bei Bopfingen errichteten die Kelten wohl bereits in der Bronzezeit im 12. Jahrhundert vor Christus – möglicherweise zum Schutz eines Fürstensitzes – einen Ringwall und andere Anlagen, deren Spuren auch heute noch zu erkennen sind. Die kegelförmige Erhebung ist außerdem einer der markantesten von der Erosion geformten Zeugenberge der Alb, die wie Inseln aus der Landschaft ragen.

Keltenmuseum Heuneburg, Holzgasse 6, 88518 Herbertingen,
www.heuneburg.de
Keltenmuseum Grabenstetten, Böhringer Straße 7,
72582 Grabenstetten, www.heidengraben.com,

Die Römer | Im ersten Jahrhundert nach Christus läuteten Germanen und Römer das Ende der Keltenzeit ein. Von Norden und Süden drangen sie auf die Alb vor und verbanden ihre Städte und Dörfer mit schnurgeraden Straßen, die zum Teil heute noch genutzt werden. Den technisch und kulturell weit entwickelten Römern muss die Alb damals völlig unzivilisiert und wild vorgekommen sein. Zur Absicherung ihres Gebiets bauten sie den Limes – der auf der Alb von Welzheim über Lorch nach Aalen verläuft. Dort stand auch das größte römische Reiterkastell nördlich der Alpen – heute kann man auf dem Gelände das Limesmuseum besuchen, die größte Schau zu den Römern in Deutschland.

Römische Reste in neuzeitlichem Gewand

Insgesamt war der Alblimes aus dem späten 1. Jahrhundert 135 Kilometer lang und reichte von Rottweil bis Heidenheim an der Außengrenze des Römischen Reichs. Er war wohl nicht durchgehend befestigt. Vielmehr markierte eine Straße den Verlauf, die von rund 3500 Soldaten bewacht wurde. Unterwegs wurden zahlreiche Kastelle, Tore und Wachtürme gebaut, deren Überreste noch heute besichtigt werden können. Sehenswert sind unter anderem das 15 mal 15 Meter große Limestor bei Dalkingen, wo bei Grabungen eine bronzene Kaiserstatue gefunden wurde, das Kastell Halheim, der Limesmauerrest in Pfahlheim, das Römerbad samt Museum in Heidenheim und das römische Freilichtmuseum in Hechingen-Stein.

Limesmuseum Aalen, St. Johann-Straße 5, 73430 Aalen, www.museen-aalen.de
Römisches Freilichtmuseum, Römerstraße, 72379 Hechingen, www.villa-rustica.de

Die Alamannen | Das Ende der Römer auf der Schwäbischen Alb kam um das Jahr 250. Als der Zusammenbruch ihres Reichs nahte und sie sich wieder Richtung Heimat zurückzogen, machten sich die Alamannen auf der Alb breit. Der germanische Volksstamm kam von Norden und Osten her, überschritt den Limes wohl ohne große Gegenwehr und gründete seine eigenen Siedlungen – viele aus dem 5. Jahrhundert bestehen noch heute, und deren Ortsnamen enden auf -ingen, wie Pfullingen, Geislingen, Tuttlingen oder Münsingen. Im 6. Jahrhundert kamen die Endungen -heim und -dorf, im 7. schließlich -hausen, -hofen und -stetten hinzu.

Ab dem 5. Jahrhundert gibt es sogar Funde, da die Alamannen sich von der Feuerbestattung verabschiedeten und ihre Toten fortan je nach Stand mit Tracht, Schmuck und Waffen bestatteten. Zwischen 550 und 750 schließlich mussten sich die Alamannen zuerst den Franken, dann den Karolingern beugen, so ging ihre Herrschaft auf der Alb zu Ende. Als Synonym für Alamannen entwickelte sich im Frühmittelalter die Bezeichnung Sueben, aus deren Namen schließlich die Bezeichnung Schwaben hervorging.

Rund 60 Fundplätze aus der alamannischen Siedlungsgeschichte gibt es auf der Alb. Zu den markantesten gehört der Runde Berg bei Bad Urach, auf dem die Burg eines alamannischen Kleinkönigs stand. Einen Einblick in die Geschichte sowie in das damalige Holz- und Textilhandwerk und in Gold- und Silberschmiedearbeiten gibt das Alamannenmuseum in Ellwangen.

Alamannenmuseum Ellwangen, Haller Straße 9, 73479 Ellwangen, www.alamannenmuseum-ellwangen.de

Die Staufer | Das Herzogtum Schwaben hatte vom 10. Jahrhundert an rund 350 Jahre lang Bestand und erstreckte sich weit über die Alb hinaus bis in die Schweiz und ins Elsass. Beherrschend war das Adelsgeschlecht der Staufer, das seinen Stammsitz auf der Burg Hohenstaufen bei Göppingen hatte. Apotheken, Einkaufsmärkte, Festivals, Plätze und Straßen sind nach den Staufern benannt.

Bis 1268 kamen fast 200 Jahre lang die deutschen Könige und Kaiser ausschließlich aus dieser Familie. Der Berühmteste war sicherlich Barbarossa, der eigentlich Friedrich hieß und Herzog von Schwaben war, bevor er zum König und schließlich zum Kaiser gekrönt wurde.

Die Spuren, die die Staufer hinterlassen haben, kann man heute entlang der Straße der Staufer besichtigen. Über 300 Kilometer

Spuren der Staufer: Burg Wäscherschloss bei Wäschenbeuren

führt der Weg von der romanischen Stiftskirche aus dem 12. Jahrhundert in Bad Boll bis nach Schorndorf. Es geht nach Schwäbisch Gmünd, die älteste Stauferstadt, ins Kloster Lorch, die Grablege der Staufer, oder zur Staufer-Ausstellung in Göppingen-Hohenstaufen.

Prägend für die Alb sind aber sicher die vielen Burgen der Staufer: das bestens erhaltene Wäscherschloss bei Wäschenbeuren zum Beispiel, das als Wiege der Staufer gilt, oder die Burg Katzenstein, die über Dischingen wacht, das Schloss Kapfenburg bei Lauchheim oder Schloss und Burg Hellenstein, das Wahrzeichen von Heidenheim, das 74 Meter über der Stadt auf einem Felsen thront.

Vom einstigen Stammsitz der Staufer, der Burg Hohenstaufen auf dem gleichnamigen Berg über Göppingen, sind dagegen heute nur noch Mauerreste, Fundamente und Ruinen übrig. Die um 1070 erbaute Burg wurde 1525 im Bauernkrieg fast völlig zerstört. Pläne nach der Reichsgründung von 1871, die Burg als deutsches Nationaldenkmal wieder zu errichten, scheiterten am Geld. Rechberg (708 m), Stuifen (757 m) und Hohenstaufen (684 m) bilden die »Drei Kaiserberge« und prägen das Landschaftsbild zwischen Göppingen und Schwäbisch Gmünd.

Staufer-Ausstellung, Kaiserbergsteige 22, 73037 Göppingen-Hohenstaufen, www.goeppingen.de

KURIOSE ALB

Die einstige Eier-AG

Das erste Osterei-Museum Deutschlands ist in Sonnenbühl auf der mittleren Alb beheimatet, ganz genau im Erpfinger Schulhaus – einem Gebäude aus dem 19. Jahrhundert, grundlegend umgebaut und barrierefrei. Wie geschaffen für ein Museum auf zwei Etagen, für eine ganz besondere Ausstellung. Denn immerhin geht es um den Ursprung allen Lebens, ums Ei. Jeweils präsentiert in einer Dauerausstellung und einer Sonderausstellung. Hühner-, Gänse-, Enten- und auch Straußeneier dienen als Basis und werden durch das Bemalen, Lackieren, Fräsen, Besticken oder Bekleben zu wahren Meisterwerken und zeigen, wie vielfältig die Ovale sein können.

Der Grundstock für das Museum wurde 1983 gelegt, als die Idee der Eier-AG, einer 13-köpfigen Frauengruppe, geboren wurde, nämlich besonders schöne Ostereier zusammenzutragen und die verschiedenen Brauchtums-, Kunst- und Schmuckeier zu präsentieren. Mit Kreativität und vielen Arbeitsstunden legten die Frauen damit das Fundament des heute weit über die Grenzen der Schwäbischen Alb bekannten Hauses.

Das erste Osterei-Museum Deutschlands öffnete dann 1993 seine Türen mit einer noch kleinen Ausstellung. Heute umfasst die Sammlung rund 10 000 Exponate und lockt Begeisterte aus aller Welt an. In der Dauerausstellung mit rund 1000 Stück ist vor allem ein Exemplar der Besucherliebling: das Coca-Cola-Ei im Pop-Art-Stil mit originalem Schriftzug und echter Aufreißlasche.

In der Ausstellung wechseln sich moderne wie traditionelle, Natureier wie kunstgewerbliche Eier sowie Eier aus vielen Ländern der Welt ab. Den Machern der kuriosen Eierschau und den Kunsthandwerkern gehen derweil die Ideen nicht aus. Die Kollektion wächst ständig. Die Sonnenbühler selbst verstehen es, ihre ovalen, dreidi-

Die Eier im Pop-Art-Stil kommen besonders gut an.

mensionalen Schätze mit der Kalkhülle ansprechend zu präsentieren.

Sonnenbühl ist überdies der Ort des extremen Wetters auf der Schwäbischen Alb, manche sprechen gar vom kältesten Loch: Die hier gemessenen Temperaturen reizen die Anzeigen der Thermometer gehörig aus. Von minus 33 Grad bis plus 36 Grad ist alles dabei, und selbst im Sommer kann es frosten. Klar im Vorteil ist, wer einen Sonnentag erwischt. Die Wahrscheinlichkeit hierfür ist tatsächlich gar nicht so klein, denn auf der mittleren Alb lacht an bis zu 1750 Stunden pro Jahr die Sonne vom Himmel.

Ostereimuseum, Steigstr. 8, 72820 Sonnenbühl-Erpfingen, www.ostereimuseum.de

Die etwas andere Donauwelle

Nein, hier kommen keine Kalorien auf die Hüfte. Eher wieder weg! Zumindest wenn man alle zwölf Schaukelstationen am Sigmaringer Schaukelweg ausprobiert und sie mit einem Spaziergang rechts und links der jungen Donau verbindet.

Zwischen dem Laizer Wehr und der Hängebrücke führt der barrierefreie Rundweg auf knapp vier Kilometern mit seinem Dutzend

Kuriose Alb   155

Schaukelstationen entlang der Ufer und kann auch von Rollstuhlfahrern genutzt werden. Angelegt wurde der Schaukelspaß 2013 anlässlich der Landesgartenschau am Fuße des berühmten Schlosses, zu der damals rund 700 000 Gäste kamen. Dass es sich bei den aufgestellten Schaukeln am Schaukelpfad nicht nur um gewöhnliche Spielgeräte handelt, versteht sich von selbst. Wie wäre es mit einer schwindelerregenden Partie auf dem Traktorschwingreifen? Einer Wackelrunde auf der Matrosenschaukel? Hoch hinaus mit der Himmelsschaukel? Oder doch lieber sportlich im Team, romantisch hin und her auf der Wippe oder wackelig auf dem Tatzelwurm und seinen Wackeläpfeln?

Das Schöne ist, hier kommen nicht nur Kinder, sondern auch Erwachsene voll auf ihre Kosten. Denn entweder schaukelt man eine Runde mit oder freut sich einfach am Spaß der Kinder auf den Ruhebänken, die an jedem Schaukelhalt aufgebaut sind. Das renaturierte Teilstück der Donau ist zudem mit einem Beobachtungsturm ausgestattet, der Einblicke in die örtliche Flora und Fauna gibt. Dass Sigmaringen sehr kinderfreundlich ist, zeigt sich zudem in der Vorweihnachtszeit. Denn dann lohnt ein Besuch am Historischen Rathaus. Pünktlich um 17 Uhr öffnet sich hier jeden Tag ein Fensterchen des großen Adventskalenders.

Eislinger Kreiselkunst

Eigentlich ist ein Kreisverkehr ja nichts Besonderes. Eben ein Verkehrsknoten, der beim typischen Aufbau aus einer Fahrbahn rundherum und einer Insel in der Mitte besteht und den fließenden Verkehr durch niedrige Geschwindigkeit regelt. So im Prinzip auch in Eislingen an der Fils. Die Planer der großen Kreisstadt waren aber besonders kreativ und setzten auf acht Verkehrsinseln gestalterische Akzente, kurz Kreiselkunst. Zur Ausgestaltung waren Künstler aus der Region aufgerufen, die sich mit ihren Ideen und Arbeiten wahrlich nicht lumpen ließen. So finden sich in Szene gesetzte Granitblöcke als »Eislinger Tor«, eine 6,5 Meter hohe »Spirale« aus rot bemaltem Stahl und der »Empfänger« aus Ringen und Reifen, der gen Oyonnax, der französischen Partnerstadt, ausgerichtet ist. Als Hingucker fungieren zudem die raumgreifende Plastik »Weed Pine«, ein kultiviertes Pflanzenwerk,

Beim Kreisverkehr in Eislingen geht es kunstvoll rund.

und »Die Wegweiserin«, die mit ihrem knallroten Kleid den Ankommenden schon von Weitem entgegenleuchtet.

Ergänzt wird die zugegeben außergewöhnliche Kunst durch das Objekt »Das unbewegliche Theater«, welches anlässlich des 1150-jährigen Stadtjubiläums einen Kreisel schmückt, sowie das Kunstwerk »Beflügelt« aus gebrauchtem Material wie Lichtträgern und Offsetblechen.

Wahrlich nicht zu übersehen ist die bei Nacht farbig beleuchtete gläserne Installation »In einem Meer vor unserer Zeit«. Sie steht auf einem Fundament aus Ölschiefer und tritt als Urtier, als Skelett des Temnodontosaurus in Erscheinung und erinnert dabei an die Eislinger Saurierfunde.

Wer jetzt mehr erfahren möchte über die Eislinger Fischsaurier, die Eislinger Karibik und den Eislinger Saurierfriedhof, der bei Bauarbeiten an der B10 zwischen 2002 und 2004 entdeckt wurde, packt am besten die Wanderschuhe ein, läuft den Lehrpfad »Jurameer und mehr« mit seinen zwölf Stationen und Infotafeln ab und wirft vor allem einen Blick in das Foyer der Stadthalle. Da schwebt eine über sechs Meter lange Rekonstruktion eines Fischsauriers unter der Decke. Bei so viel geologischer Geschichte können die ausgefallenen Kreisverkehre mit ihren plastischen Skulpturen im öffentlichen Raum fast zur Nebensache werden.

Feger aus aller Welt

Das weltweit erste Besenmuseum findet sich seit 1985 in Ehingen-Mochental im Schloss Mochental. Es liegt oberhalb der Donau im Kirchener Tal, rund acht Kilometer von Ehingen entfernt am Südrand der Schwäbischen Alb. Einst stand auf dem Gelände eine Burg samt Kapelle. Um 1730 bauten die Äbte des Klosters Zwiefalten das Gemäuer als dreiflügelige Sommerresidenz mit 365 Fenstern aus. Heute finden sich im herrschaftlichen Barockschloss, welches im Rahmen der Säkularisierung an Württemberg fiel, eine Galerie und das kleine, aber feine Besenmuseum.

Die zusammengetragenen und ausgestellten Kehrgeräte stammen aus aller Welt. Vom Allgäuer Stubenbesen über die Dattelpalmrispe, den Elefantenschwanzbesen bis zum kenianischen Affenschwanzbesen bleiben keine Wünsche an die Kehrgeräte offen.

Das Alltags-Handwerkszeug präsentiert sich mal interessant, mal amüsant und lässt auch eigenwillige Künstlerpinsel, Kaminkehrerbesen, perlbestickte Handbesen und zauberkräftiges Hexenwerk nicht aus.

Wer genug gekehrt hat, besucht die 2500 Quadratmeter große Galerie von Ewald Karl Schrade, der sich seit vier Jahrzehnten der Gegenwartskunst und Klassischen Moderne widmet. Eine angegliederte Gastronomie rundet den Besuch ab und sorgt für neue Kräfte, falls im Anschluss der Besuch der Bierkulturstadt Ehingen mit ihren vier Brauereien und 43 Bieren oder der rund 14 Kilometer lange Bier-Rundwanderweg anstehen sollte.

Schloss Mochental, 89584 Ehingen (Donau), www.galerie-schrade.de

Irren ist menschlich, auch in Zwiefalten

Schon seit grauer Vorzeit beschäftigen den Menschen die Fragen rund um die Seele. Ist jemand wirr oder geisteskrank? Ist er wahnsinnig, verrückt oder nur sonderbar? Im Zweifelsfall schloss man die Irren und Idioten einfach weg, in eine Anstalt. Das württembergische Psychiatriemuseum im staatlich anerkannten Erholungsort Zwiefalten hat sich dieses Themas angenommen: Es geht um die Therapien, freiheitsbeschränkenden Maßnahmen und Krankengeschichten. Außerdem sieht man viele Exponate vom Blechnapf bis zur Zwangsjacke der Vergangenheit. Wechselausstellungen im Verwaltungsgebäude des Zentrums für Psychiatrie runden das ständige Ausstellungsangebot in der ehemaligen Friedhofskapelle ab.

Außenstehende und Gäste bekommen durch verschiedene Sichtweisen einen Einblick in das sehr weite Feld der Seelenheilkunde, wohldosiert, überschaubar und leicht verständlich. Auch dem in Stuttgart geborenen Wilhelm Griesinger, dem Begründer der modernen Psychiatrie, ist ein Teil der Ausstellung gewidmet. Er gilt als einer der »schwäbischen Reformatoren der Medizin« und lehrte unter anderem 16 Jahre an der Eberhard-Karls-Universität in Tübingen.

In der ehemaligen Friedhofskapelle kann die Geschichte der Psychiatrie nachvollzogen werden.

Jener anerkannte Psychiater sagte unter anderem der Anstaltspsychiatrie den Kampf an und übernahm im Jahr 1859 die Leitung der 1847 gegründeten Heil- und Erziehungsanstalt Mariaberg bei Gammertingen, die als eine der ersten Einrichtungen für Kinder und Jugendliche mit einer geistigen Behinderung gilt.

Übrigens ist Zwiefalten der Ort, an dem die älteste psychiatrische Klinik Württembergs steht, und zwar in den altehrwürdigen Mauern des Klostergebäudes der Benediktiner. Anno 1812 wurde deren Heim kurzerhand im Zuge der Säkularisation gewaltsam aufgelöst und zur »königlich-württembergischen Heilanstalt« umfunktioniert. Die Klosterbrüder hatten das Nachsehen. Was blieb, ist die erstmals 1521 urkundlich erwähnte klostereigene Brauerei, deren Gerstensaft schon damals weit über die Klostermauern bekannt war und Reisende anlockte. Aber das ist wieder eine ganz andere Geschichte. Zurück zur Psychiatrie in Zwiefalten und der Tatsache, dass das Zentrum für Psychiatrie noch heute in den Klostermauern untergebracht ist: Gäste und Besucher von Zwiefalten müssen freilich nicht dürsten. Die Brauerei liegt seit 1827 in privaten Händen und braut wie eh und je feinstes Zwiefalter Klosterbier.

Württembergisches Psychiatriemuseum Zwiefalten, Hauptstraße 9, 88529 Zwiefalten, www.forschung-bw.de/history/psychiatricmuseum.php?section=museum

Pilgern en miniature

Versprochen, so schnell und bequem kommen Sie zu Fuß nie wieder von Giengen nach Santiago de Compostela in Spanien, dem erklärten Ziel der Jakobspilger schlechthin. Eigentlich 2450 schweißtreibende wie blasenbildende Kilometer entfernt, die pzr pedes samt Rucksack eine beachtliche Wallfahrt bedeuten und schon manch Wanderer in die Knie zwangen. Hier in Giengen auf dem Jakobswegle pilgert man seit 2009 schonend und im Maßstab 1 : 1000. Aus knapp 2500 echt mühsamen werden 2,5 relativ flache Kilometer. Hinzu kommen rund zwei Kilometer Einstieg in das extra angelegte Jakobswegle. Ein echtes Pilgerprobiererle, zudem einzigartig.

Wie auf dem ursprünglichen Weg folgt der Pilger der Wegkennzeichnung Muschel und dem gelben Pfeil. Los geht es mit dem Mini-Camino, dem hier angelegten Rundweg, am Parkplatz der Höhlenerlebniswelt Charlottenhöhle. Ruckzuck ist man am Bodensee, in der Schweiz, in Frankreich. Überwindet die Pyrenäen ohne Rast und Ruh, um im Zielland Spanien anzukommen und letztlich nach Galicien vorzudringen.

Etliche Informationstafeln am Weg übermitteln Wissenswertes zum Jakobsweg und seiner Geschichte. Es lohnt sich, diese zu studieren und sich so einen Eindruck vom großen europäischen Pilgerweg zu verschaffen, den jedes Jahr Tausende Wanderer auf sich nehmen. Ruhe- und Meditationsstellen laden in Giengen zu einer zusätzlichen

Das eiserne Kreuz für Pilger gibt es auch auf der Alb.

Gedankenreise ein. Der Höhepunkt am Jakobswegle ist das Cruz de Ferro, hier ein auf einem Baumstamm montiertes Eisenkreuz.

Das Kreuz steht in einem Haufen voller Steine. Steine, die die Pilger von zu Hause mitbringen und hier ablegen, verbunden mit Wünschen, Briefen oder Dank sowie als Zeichen ihrer hinter sich gelassenen Sünden. Das Cruz de Ferro existiert in weit imposanterer Form auch auf dem großen Weg.

Nach rund zwei Stunden, für die man sich auch Zeit nehmen sollte, erreicht der Testpilger auf dem Jakobswegle sein Ziel, den Parkplatz, und hat, wer weiß, vielleicht richtig Lust bekommen, eines Tages auch den großen Weg in Angriff zu nehmen. Von Giengen ist Santiago ja nur rund 2500 Kilometer entfernt. Und die ersten Meter auf dem richtigen Jakobsweg hat er, ohne es vermutlich bewusst wahrgenommen zu haben, bereits auf dem Einstieg zum Jakobswegle gemeistert. Würde man hier nämlich weitergehen, den Schildern mit der Muschel immer weiter folgen und nicht aufs Jakobswegle abbiegen, wäre man schon in Konstanz.

Tübingen macht ein Fass auf

Dummheit frisst – Intelligenz säuft. So sagt der Volksmund. In Tübingen jedenfalls stehen eine der ältesten Universitäten Europas und das älteste erhaltene Riesenweinfass der Welt. Die Uni wurde 1477 gegründet. Nur knapp 70 Jahre danach wurde das Eichenfass gebaut, nämlich 1546. Da kann man an Zufall glauben, muss es aber nicht. Und man bedenke: Auch in der traditionsreichen Unistadt Heidelberg steht ein Riesenfass – das ist zwar mit gut 220 000 Litern noch einmal deutlich größer als das Tübinger Fass, aber eben auch etwa 200 Jahre jünger.

Rund 84 000 Liter fasst das Monstrum im Keller des Schlosses Hohentübingen – und es ist verbürgt, dass es tatsächlich auch gefüllt war. Allerdings wohl nur zwei Mal, denn es war schlicht undicht. Ein Auslaufmodell sozusagen. Der Küfer, bei dem der württembergische Herzog Ulrich das Fass in Auftrag

Das große Fass im Keller des Schlosses Hohentübingen

gegeben hatte, hatte der Überlieferung zufolge zu frisch geschlagenes Holz verwendet.

Bis 1994 diente es dann wenigstens noch als Touristenattraktion, ehe sich Fledermäuse im finsteren Schlosskeller breitmachten und die Besucherscharen zum Schutz der Flattermänner ausgeschlossen wurden.

Dem Tübinger Oberbürgermeister Boris Palmer ist es zu verdanken, dass der Zugang zu dem Fass seit 2017 wenigstens zu beschränkten Zeiten während der Wintermonate gestattet werden soll. Er hatte auf einem alten Foto eine Tür hinter dem Fass entdeckt, über die man zum Fass gelangt, ohne die Fledermäuse in ihrer Ruhe zu stören. Also wurde eine Treppe samt hölzerner Besucherplattform gebaut, die zudem das auseinanderbrechende Fass wieder stabilisiert.

Inschrift der Holztafel am Tübinger Riesenfass, dabei entsprechen 294 Liter der Maßeinheit von einem Eimer:

Als großes Buch bin ich bekannt
Durch Herzog Ulrich so genannt
1546 ward ich gebaut
Aus 90 Eichen, wie ihr schaut
Zweimal ward ich gefüllt mit Wein
286 Eimer nehm' ich ein.

Museum Alte Kulturen, Burgsteige 11, Tübingen, museum@uni-tuebingen.de

Herrn Stumpfes Zieh & Zupf Kapelle

Wer einen tiefen Einblick in die schwäbische Seele bekommen möchte, sollte bei Herrn Stumpfes Zieh & Zupf Kapelle die Ohren weit aufsperren. Die Aalener Originale machen seit 1991 die Bühnen dieser Welt – naja, zumindest die im Südwesten der Republik – unsicher.

Der Stil der Band geht problemlos als »Skrupellose Hausmusik« durch. Gesungen wird – natürlich – auf Schwäbisch. So wird zur berühmten Melodie von »The lion sleeps tonight« aus dem originalen »A-weema-weh, a-weema-weh, a-weema-weh« bei den Stumpfes ein augenzwinkerndes »Mei Bemberle, mei Bemberle, mei Bemberle tuat weh!«

Berühmt geworden ist das Quartett als Hausband des Mundarttheaters Mäulesmühle, wo sie die auch im Fernsehen ausgestrahlten Aufführungen von »Hannes und der Bürgermeister« musikalisch unterstützt haben. Über zehn CDs hat die Band schon veröffentlicht, bei ihren Konzerten lockt sie regelmäßig über 500 Menschen an.

2018 wollte sie mit ihrer Tour »Heut nemme und morga net glei« einen Kontrapunkt zu den gängigen Klischees setzen und zeigen, dass die schwäbische Mentalität eben nicht nur aus »Schaffe, schaffe, Häusle baue« besteht.

Inzwischen ist die Zieh & Zupf Kapelle eigentlich gar nicht mehr Herrn Stumpfes. Der Namensgeber und Mitbegründer Stephan Stumpf und die Band gehen nämlich bereits seit 1999 getrennte Wege. Seitdem sind die Musiker Manfred »Manne« Arnold, Michael »Flex« Flechsler mit der unverkennbar wilden, blonden Mähne, Marcel »Selle« Hafner und Benny »Benny Banano« Jäger zu viert unterwegs – auch wenn die Instrumente, die die Multitalente im Gepäck haben, für ein ausgewachsenes Orchester reichen würden: Posaune, Klavier, Akkordeon, Gitarre, Tenorhorn, Flügelhorn, Lyra, Schlagzeug, Waschbrett, Kontrabass, Conga, Banjo, Klarinette, Mandoline, Lapsteel, Orgel, Tuba oder Trompete kommen zum Einsatz – entsprechend wild fallen die Auftritte aus.

Was die regionale Verwurzelung angeht, lässt der Lieblingswitz tief blicken, den Michael »Flex« Flechsler auf der Homepage preisgibt – ein »Seitenhieb« der Aalener an die nur etwa 25 Kilometer entfernt lebenden Schwäbisch Gmünder:

»Ein Aalener und ein Gmünder waren einst zusammen in Gefangenschaft. Beide wurden zu 20 Stockhieben auf den Rücken verurteilt und durften vor der Vollstreckung noch zwei Wünsche äußern. Der Gmünder wünschte sich ein Essen und eine Flasche Wein, bekam alles und steckte dann seine Hiebe ein. Der Aalener, nach seinen Wünschen gefragt, wollte als ersten Wunsch 40 statt 20 Stockhiebe. Als daraufhin der Wärter fragte: ›Ond was sonscht no?‹, antwortete der Aalener: ›Könnat ihr mir den Gmünder auf da Buckel binda?!‹«

....

Infos zu Tourdaten und Auftritten, aber auch Hörproben und Videos unter www.stumpfes.de

Eigenwillige Ortsnamen

Es gibt Gemeinden auf der Alb, die leiden gleich doppelt: Erstens werden ihre Einwohner ob des kuriosen Ortsnamens verspottet – und zweitens klauen Spaßvögel immer wieder Ortsschilder als Andenken.

Killer im Zollernalbkreis bei Burladingen ist so eine Gemeinde. Dass ausgerechnet dort das Deutsche Peitschenmuseum zu finden ist, passt ja dann auch wieder irgendwie. 1255 wurde der Ort erstmals als Kilwilar erwähnt.

Hohn und Spott ist den Bewohnern von Deppenhausen im Alb-Donau-Kreis regelmäßig gewiss. Warum der Ort so heißt, weiß aber keiner wirklich. Im 14. Jahrhundert wurde die Siedlung noch als Dappenhausen gegründet, erst 200 Jahre später bürgerte sich der heutige Name ein.

Naschkatzen finden im Kreis Göppingen die Orte Süßen – 1071 erstmals erwähnt als Siezun – und Kuchen. Der Name könnte von der Eisenverhüttung der Merowinger vor rund 1500 Jahren kommen, bei der kuchenförmige Schlacken anfallen. 1228 wurde Kuchen erstmals als Cuchin erwähnt. Portionsmäßig freie Wahl haben Schleckermäuler heute in Heidenheim: Großkuchen und Kleinkuchen heißen hier zwei Vororte.

Gern entwendet: Urige Ortsschilder haben ihren Reiz.

Ein Katzensprung ist es im Kreis Schwäbisch Hall von Liebesdorf nach Gaildorf – man muss nur einmal die Kurve steil hinauf.

Gemächlich voran geht's in Schneckenweiler im Kreis Schwäbisch Hall. 24 Einwohner hatte der Ort 2018 – nur einen mehr als 150 Jahre zuvor schon. Ob's in Gammelshausen im Kreis Göppingen ähnlich gemütlich zugeht? Der Name lässt es vermuten, tatsächlich geht der Name aber auf Alamannenführer Gamold zurück.

Eine Weile zu tun haben Bürger von Gschlachtenbretzingen beim Ausfüllen von Formularen. Mit 21 Buchstaben zählt der Ortsname zu den drei längsten in Deutschland und ist der längste im Ländle. Aber kein Name ist so lang, dass man ihn nicht noch länger umschreiben könnte, schließlich ist Gschlachtenbretzingen ein Ortsteil der Gemeinde von Michelbach an der Bilz im Landkreis Schwäbisch Hall.

Heisenberg im Kreis Aalen ist vor allem bei Fans der US-Fernsehserie »Breaking Bad« beliebt, in der sich der Hauptdarsteller – ein drogenkochender Chemielehrer – Heisenberg nennt. Allerdings nach dem Physiknobelpreisträger und nicht nach dem schwäbischen Ort. Der wiederum hat seinen Namen von einem sandigen Hügel in der Nähe, auf dem es im Sommer ordentlich heiß wird.

Schwäbische Dichterschule

Man kennt sie aus Neubaugebieten von den Straßennamen: Uhland, Mörike, Kerner, Hauff und Co. Wegweisend sind sie aber nicht erst heute, die Mitglieder der Schwäbischen Dichterschule, die sich um 1805 als lockerer Zusammenschluss an der Universität Tübingen gebildet hatte. Von hier zogen sie aus, die Republik mit Versen zu überziehen.

Die poetische Alb-Romantik klingt dann so:

»Wohin soll den Fuß ich lenken, ich, ein fremder Wandersmann,
Daß ich eure Dichterschule, gute Schwaben, finden kann?«
Fremder Wanderer! O gerne will ich solches sagen dir:
Geh durch diese lichte Matten in das dunkle Waldrevier, ...
Wo ein goldnes Meer von Ähren durch die Ebnen wogt und wallt,
Drüber in den blauen Lüften Jubelruf der Lerche schallt;
Wo der Winzer, wo der Schnitter singt ein Lied durch Berg und Flur:
Da ist schwäb'scher Dichter Schule, und ihr Meister heißt – Natur!

So schrieb Justinus Kerner in seinem Gedicht »Die schwäbische Dichterschule«. Dies und Ähnliches hört sich nicht erst heute schwülstig an, das war auch schon zur Entstehungszeit 1839 schwülstig. Fand zumindest der große deutsche Dichter Heinrich Heine, der der Tübinger Truppe bereits 1838 öffentlich – und ausgerechnet im Schwabenspiegel – Provinzialität und Borniertheit vorwarf! Hohn und Spott ergoss sich über Ludwig Uhland, Justinus Kerner, Eduard Mörike, Gustav Schwab, Wilhelm Hauff und all die anderen 1844 auch noch einmal in Heines eigenem Gedicht »Der Tannhäuser«:

In Schwaben besah ich die Dichterschul,
Gar liebe Geschöpfchen und Tröpfchen!
Auf kleinen Kackstühlchen saßen sie dort,
Fallhütchen auf den Köpfchen.

Na dann …

Einzigartiges erleben

In Ihrer Buchhandlung

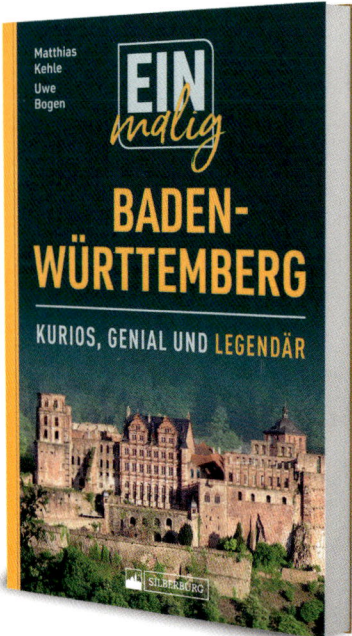

Uwe Bogen
Matthias Kehle

Einmalig Baden-Württemberg

Kurios, genial und legendär

Das Schloss in Heidelberg und die Spargelstraße, die Fasnet und der Schwarzwald: Es gibt so vieles, das Baden-Württemberg einzigartig und besonders macht. In diesem Buch beschreiben ein Badener und ein Schwabe informativ und unterhaltsam, wo, wie und weshalb sich das Bundesland im Südwesten von allen anderen Regionen unterscheidet. Sie weisen uns darauf hin, dass die Baden-Württemberger tatsächlich alles können – außer vielleicht Hochdeutsch.

*160 Seiten, Broschur.
ISBN 978-3-8425-2098-1*

SILBERBURG